美丽中国系列

Beautiful China

100摄影胜地畅游通

路芸霞 主编

壹号图编辑部 编著

江苏凤凰科学技术出版社

图书在版编目（CIP）数据

100 摄影胜地畅游通 / 路芸霞主编；壹号图编辑部编著 . -- 南京：江苏凤凰科学技术出版社，2017.11（2018.2 重印）
（含章 . 美丽中国系列）
ISBN 978-7-5537-8090-0

Ⅰ . ① 1… Ⅱ . ①路… ②壹… Ⅲ . ①旅游指南 – 中国
Ⅳ . ① K928.9

中国版本图书馆 CIP 数据核字 (2017) 第 063069 号

100摄影胜地畅游通

主　　编	路芸霞
编　　著	壹号图编辑部
责任编辑	倪　敏
责任监制	曹叶平　　方　晨
出版发行	江苏凤凰科学技术出版社
出版社地址	南京市湖南路 1 号 A 楼，邮编：210009
出版社网址	http://www.pspress.cn
印　　刷	北京旭丰源印刷技术有限公司
开　　本	718mm × 1 000mm　1/16
印　　张	16
字　　数	350 000
版　　次	2017年11月第1版
印　　次	2018年2月第2次印刷
标准书号	ISBN 978-7-5537-8090-0
定　　价	49.80元

前言

对于摄影爱好者来说，旅游是最好的选择。中国那么大，美景那么多，相信总会有令你或感动，或震撼，或难忘的。边走边看边拍，用相机记录下祖国的锦绣山川，记录下旅途中遇到的点点滴滴，已经成为很多人向往的生活方式。

罗丹曾说过：“世界上不是缺少美，而是缺少发现美的眼睛。”摄影就是一种发现美的艺术，透过摄像机的镜头，运用光与影的艺术，将最美的角度、最感人的瞬间定格下来，成为永恒的刹那。在旅行的途中，等待我们去用心发现、去细细品味的美景会有很多，雄奇壮丽的高山秀水、古色古香的小镇村庄、茫茫无际的草原戈壁、动人心弦的晨曦斜晖、风情万种的春景秋韵……无论哪一种，对于摄影者来说都是手中相机不容错过的景致。

湖泊、山川、草原、戈壁、沙漠这些大自然造就的鬼斧神工之作，无一不是拍摄的对象。西湖的雷峰夕照、断桥残雪，喀纳斯湖的神奇变幻，漓江的青山秀水、美丽倒影，鼓浪屿的各式建筑；黄山的奇松怪石，泰山的云海日出，庐山的瀑布，武夷山的碧水，贡嘎山的雪峰；呼伦贝尔大草原的一碧千里，魔鬼城的雅丹地貌；扎龙湿地飞舞的丹顶鹤，伊吾胡杨林夕阳下的凄美……这些大自然造就的独一无二的风景，都是拍摄的绝佳素材。

除了大自然的馈赠，中国古人的智慧更是令人震撼，他们留下了一处又一处的建筑奇迹，一场又一场的视觉盛宴。被誉为世界五大宫之首的北京故宫，世界最伟大的建筑之一万里长城，步移景换、变化无穷的苏州园林，展翅欲飞的黄鹤楼，雪域宫殿布达拉宫，等等。同时，那充满历史韵味的古镇也为摄影爱好者所痴迷，徽派建筑的代表宏村，“枕水人家”乌镇，江南水乡西塘，民族风情浓郁的大理……这些凝固的艺术、历史的记忆，都是拍摄的焦点。此外，还有吉林雾凇、东川红土地、元阳梯田、米堆冰川等更多独特的摄影基地。书中对每一个地方都有着深入的挖掘，将它最美的角度、最美的季节、最佳的拍摄地点都给予了详细的介绍，非常适合摄影初学者和边行边摄的驴友阅读。

拍摄并不是简单地按下快门，而是在于你用心去体会，用眼睛去发现，用相机定格那一瞬间的感动、偶然一瞥间的震撼、静静等待后的美丽，把它们变成不会随时间淡化的永恒，通过照片诉说故事的真诚、生命的灵动、生活的美好。

目录

第一章
一望无际的蓝色浪漫

第二章

无比震撼的自然伟力

第三章
恍如梦境的诗情画意

第四章
千古岁月的不朽神话

第五章
情迷沉醉的人间乐土

第六章
散落天涯的遗珠之美

第一章

一望无际的蓝色浪漫

杭州西湖 人间天堂

没到杭州西湖之前，对其最深的印象来自于优美的爱情故事《白蛇传》，以及千百年来无数文人墨客笔下诗词歌赋的吟诵。“未能抛得杭州去，一半勾留是此湖。”杭州最美的是西湖，苏堤春晓、平湖秋月、南屏晚钟、雷峰夕照……这些都是杭州西湖的景点。“欲把西湖比西子，浓妆淡抹总相宜。”装扮后的杭州西湖妩媚而又温情，饱含柔情的眼眸仿佛要融化世间所有的缱绻缠绵。那传说吟唱的优美故事，百转千回，犹如彩墨晕染的一幅山水写意的画卷，默默品味总是心弦微颤。

枯黄的荷叶充斥着一种寂灭之美。

杭州西湖的美，美在灵动，妙在柔婉，就像一位养在深闺的小家碧玉，清纯、娴静。走进杭州西湖，那散发出的温润气息让

人仿佛回到身心最放松的地方，亲切、贴心，没有一丝的局促和陌生。面对杭州西湖的美，千百年来无数文人骚客俊雅奇士渴望挥笔弄墨，抒发心中豪情，最终却只能无奈感叹：“古今难画亦难诗”。

在杭州西湖的众多美景中，断桥是最引人注目的景致，这里是白素贞和许仙爱情故事开始的地方。当年，那个有些书呆子气的男子无意间的出手相助，开启了一段人妖相恋的唯美爱情故事。断桥悠悠，见证了两人相识、相知、相爱的历程。如今，断桥静静地伫立湖边，平凡无奇，与其说人们是被它的优美所吸引，倒不如说是被它的美好意蕴所吸引。古今有多少痴男怨女在此留下山盟海誓，彼此相许，渴望如白许二人一般得成眷属。

漫步到白堤，春日里的白堤满眼的绿树红花，一株株俊秀的花树仿佛是点缀的珠玉，装饰在白堤上。微风轻轻吹过，清香扑鼻，偶尔飘落的花朵像留恋树木的温情，不舍地落入湖中，那欲说又止的柔情，令人陶醉。

《白蛇传》的凄美传说为断桥增添了些许悲情意味。

摄影小贴士

地理位置：浙江省杭州市

最佳时节：四季皆宜

最佳美景：西湖十景

拍摄建议：西湖一年四季都有不同的美景，尤其是西湖十景，更是拍摄的绝佳素材；而雪景的拍摄最好在清晨或傍晚，这样才能拍出层次感。

若是在清爽的秋夜踱步在白堤上，皎洁的明月高悬，挥洒一片莹莹光辉，倒映在微澜的湖水中，天明水秀，水月交融。这样秀美的景致就是杭州西湖著名的“十景”之一——“平湖秋月”。“万顷寒光一夕铺，水轮行处片云无，鹫峰遥度西风冷，桂子纷纷点玉壶。”临窗倚阁，举杯遥望，明月清辉，天地旷然，也许诗人正是看到如此的画景才会写出这样清新俊逸的诗句。

白堤赏月，苏堤赏花。当年苏轼任杭州知州时，在南屏山麓修建堤坝，广植花树，成就了景色秀丽的苏公堤。春日的苏公堤上摇曳着青翠的树枝，淡淡的花香在空气中弥漫，不时有鸟儿在丛林中欢歌，如此美妙的佳景，让人心情愉悦，也使得“苏堤春晓”成为“西湖十景”之首。

站在苏堤上遥望南屏山，高耸挺拔的山峰满目的苍翠，苍郁之中透着秀美之意，好像一扇精心绘就的屏风。若是在蒙蒙细雨之中，山峰缥缈，若隐若现，好似人间仙境。每当山下的佛寺中晚钟响起，浑厚悠扬的钟声穿越山中岩穴产生的共鸣在杭州西湖上空不断回荡，久久不绝。这就是著名的“南屏晚钟”。

穿梭于美景如画的杭州西湖，聆听优美的传说，雷峰塔是故事中不可或缺的角色。雷峰塔初建于吴越国王钱俶时期，此后的千百年里多次被毁坏、重建，1924 年 9 月是最后一次倒塌，在 2000 年重建后，这座承载着沧桑历史和凄美的故事的宝塔再现光辉。当夕阳西下，绚丽的晚霞好像为这片湖光山色披上一层金色的晚装，此时巍巍的雷峰塔倒映水中，景色瑰丽，清康熙帝见此景御题为“雷峰夕照”，为“西湖十景”之一。

平湖秋月是“西湖十景”之一，明月高悬时有“一色湖光万顷秋”之色。

乘着画舫在杭州西湖中畅游，荡起涟涟的柔波，溅起的零星水珠落在脸上清凉无比。“三潭印月”就在杭州西湖的中央，是杭州西湖最大的湖中岛，素以清雅、秀丽的风光而闻名，被认为是“西湖第一胜境”。在波光粼粼的湖水中，矗立着三座宝葫芦形的石塔，每逢月明之时，塔中会点亮蜡烛，此时三点灯光、皎皎月光和潋滟湖光交相辉映，形成清新明丽的画面，这就是著名的“三潭印月”。随着游船的前进，飞速后退的岸边上金桂摇曳多姿，碧绿的杨柳间隙中依稀可辨先贤祠、花鸟厅等著名建筑，迅速变化的风光让人目不暇接，可谓一步一景，令人流连。

雷峰夕照因晚霞晕染塔身，佛光普照而闻名，是“西湖十景”之一。

“处处回头尽堪恋，游中难别是湖边。”杭州西湖是一幅天然的画卷，千百年来无数的文人来此欣赏，留下诗篇，而如今的人们更多的是用镜头记录下她曼妙的身姿。那缠绵的传说、道不尽的文人雅事、秀丽的风景让人们为之陶醉，渴望与这涟涟的湖水相守相伴。

千岛湖 天下第一秀水

在中国浙江省杭州西郊淳安县境内，掩藏着一个年轻而又美丽的人工湖，纯净的湖水宁静安详，仿佛没有边沿的碧色丝绸铺在我们的脚下，有着大海的壮观，也有着湖泊的秀美，被誉为“天下第一秀水”。湖内有 1078 座小岛，数量之多为世界之最，一座座绿岛如同一颗颗撒落人间的碧玉翡翠，浑然天成，灵气逼人，使千岛湖拥有了永恒的独特美景。

摄影小贴士

地理位置：浙江省杭州市淳安县境内

最佳时节：9 ~ 11 月

最佳美景：千岛湖十大美景

拍摄建议：千岛湖的十大美景是拍摄的热点，最佳时节是春秋两季，春天的水清岸绿，秋天的色彩斑斓都很适合拍摄。

落日下的千岛湖静美如画、璀璨如火，令人心醉。

想要揽遍千岛湖的风光，拍摄最动人的风景，乘坐轮船是必要的选择。俗话说“晴湖不如雨湖，雨湖不如雾湖”，蒙蒙雨雾中的千岛湖有着别样的妩媚。轮船在湖面上掀开波浪，划出一道洁白的水线，千岛湖的画卷便徐徐展开，只见烟波浩渺的湖面上星罗棋布的小岛苍翠玲珑，微波粼粼的湖水碧绿宛如一块通透的翡翠，又好像上好的螺黛，远远望去更像含羞带怯的少女，在千岛秀峰之间静卧。岸边错落有致地排列着浓郁的徽派建筑，倒映在水面上的房屋与四周的风景相互融合，犹如一幅美丽的画卷，意境悠远。在晴朗的天气里，天水一色，天空的湛蓝与湖水的清澈如镜相互映照，更显湖泊至纯至美。

新安江是千岛湖的主要水源，千岛湖的美在其开源之处就已经写就。南朝著名的文学家沈约曾写下“千仞写乔木，百丈见游鳞”的感叹；唐代孟浩然也曾写下“湖经洞庭阔，江入新安清”的诗句赞美这里的水流清澈；李白也曾这样描绘新安江之水：“清溪清我心，水色异诸水，借问新安江，见底何如此，人行明中，鸟度屏风里”。在新安江滚滚江水中留下多少诗人吟诵的优美诗句，传唱至今而未衰。

乘船来到湖中央，就可望见状元半岛上的梅峰观岛，它是这里海拔最高的岛屿，“不上梅峰观岛，不识千岛面目”，所以来到这之后一定要登岛远眺。此时，只见清澈的湖水在如明星分布般的岛屿间纵横交错，秀美的湖水宛如碧绿的丝带，而千姿百态的岛屿就是镶嵌在丝带上的美丽饰物，这清新美丽的景色正合于千岛湖“千岛、秀水、金腰带”的美誉，优美的环境更使这里被誉为千岛湖最美的地方。

去过梅峰观岛，也不能错过素来以生机盎然的林木、迷人的风光和清新的空气闻名于千岛湖的龙山岛，除了美丽的自然风光，这里还有享誉海内外的海瑞祠，造型别致、历史悠久。海瑞曾在淳安担任过知县，实行多项惠民措施，得到淳安人的爱戴，有“海青天”的美誉。为了纪念他所做出的贡献，当地人在千岛湖的龙山岛为其修建了祠庙，以示对他的敬仰之情，海瑞祠至今仍屹立于这片土地之上。

离开龙山岛，游轮穿梭在各个岛屿之间，孔雀岛的五彩斑斓，天池岛的桃花幽静，清心岛的自然野趣……让人目不暇接。伫立船头，山重水复、港湾交错、野趣横生，描绘着山与水的柔情、交织着生命的绚烂，一幅幅的多彩画卷在我们面前徐徐展开……

天涯海角 爱情圣地

碧蓝的天空、明媚的阳光、辽阔的大海、细腻的白沙、挺拔的椰树、林立的奇石，一幅幅如画的美景，将天涯海角装扮成无数游客和摄影者心之所向的地方。又因为海滩上耸立着刻有“天涯”“海角”“日月”等象征爱情永恒的石块，故而备受年轻情侣与夫妻的青睐，成为海南岛最南端令人神往的旅游胜地，也是最值得拍摄的海景地之一。

摄影小贴士

地理位置：海南省三亚市天涯区

最佳时节：9 月至次年 4 月

最佳美景：礁石、沙滩、碧海蓝天、椰树、海鸥

拍摄建议：来到天涯海角，海上壮丽的日出日落是一定要拍摄的，春秋季既适合旅游，也适合拍摄，不容错过。

天涯海角，位于海南省三亚市天涯区，面朝浩瀚辽阔的大海，背靠苍翠的马岭山，是海南省的第一旅游名胜。一来到天涯海角，蔚蓝的天空，清新的空气，迎面而来微湿的风，夹带着海水咸咸的味道，有着这里独特的记忆。

屹立在南海之滨顶天立地的“南天一柱”，还没有走近，便可以感受到那威武壮观的气势，石柱上的四个大字是由当年的崖州知州范云梯所写。清宣统元年，朝廷腐败，政治黑暗，西方列强纷纷侵入中国，清政府处于水深火热、风雨飘摇之际，时任崖州知州的范云梯费尽心思治理着这片岛屿。当他巡边到此地时，滚滚波涛中那一根顶天立地的石柱进入了视野，引起了他的万千思绪，想起“国家兴亡，匹夫有责”，心潮澎湃之际提笔写下了“南天一柱”四个苍劲有力的大字，字迹端庄饱满，浑然天成。曾有诗赞之“南天一柱殷红字，顿觉人心似火燃”。还记得已经停止发行的两元人民币吗？那背面的图案就是“南天一柱”。

站在此处望向远处烟波浩渺的大海，一阵一阵涌动不息的浪花轻轻拍打着沙滩，远处偶尔有飞鸟掠过，带起点点涟漪，远处的白色帆船在天地间是那么的渺小，仿佛随时都会消失不见。碧蓝的天空如水洗过般的澄净，与柔软的沙滩和随风飘动的椰林一起，组成了美丽的热带风光。在岸边散落的众多礁石中，有两块非常显眼，那就是刻着“天涯”和“海角”四个大字的石头，它们相互依靠在一起，任凭风雨肆虐。石面已经非常光滑了，在阳光的照耀下，那上面的字迹越发清晰了。它们见证了多少对情人之间的爱慕表白，又聆听了多少对爱人的互诉衷肠。犹记《祭

屹立于南海之滨的南天一柱，顶天立地，雄壮奇伟。

秀美的海天风光。

十二郎文》中，韩愈曾这样写道，“一在天之涯，一在地之角”，于是后来人就把这句话引申为“天涯海角”，以此来表达天地相隔的遥远的意思，于是这里也成为恋人互表心意的地方。他们相约来到天地的尽头，在这里许下“执子之手，不离不弃”的誓言。

事实上，“天涯海角”只是人们赋予它的一种文化内涵上的意境，并不是地理位置上的尽头。在交通十分闭塞的古代，琼岛这处国之边地人烟稀少，充满了荒凉的气息，“鸟飞犹用半年程”，更别说人来到这里，来去无路，只能望洋兴叹。宋朝名臣胡铨哀叹“区区万里天涯路，野草若烟正断魂”，唐朝宰相李德裕曾经被贬至此，写下了“一去一万里，千之千不还”的诗句，抒发自己的苦闷心情。苏轼被贬海南的 3 年中，和当地的人们产生了深厚的感情，在临别海南之际更是写下了“云散月明谁点缀，天容海色本澄清”的诗句。这里留下了太多历史的足迹，也见证了许多文人墨客的传奇人生，如今的天涯海角已成为我国最富有神奇色彩和浪漫气息的爱情圣地。

雄峙南海之边的天涯石又叫平安石，传说它是南海上亿年的“石祖”。

有两块像“日”与“月”相交的石头正对着天涯海角的大门，这就是日月石。它们象征了情侣之间心心相印，与日月相伴，永不分开的坚定爱情，因而这两块石头又叫作“爱情石”。在天涯海角的爱情广场上，与之相对的还有天涯海角星，它们一起相依相偎，不分昼夜地演绎着矢志不渝的浪漫爱情。

碧海蓝天、帆影点点、椰树婆娑、花香四溢，海南，一片被神眷顾的人间仙境。漫步在细腻洁净的沙滩上，欣赏着夕阳余晖下的盛景，倾听着爱人呢喃的最动听的话语，享受着爱情的美妙韵味……

婆娑的椰树、细腻的沙滩、望不到尽头的碧海蓝天，构成一幅辽阔的海景图。

青海湖 高原之海

远处的苍山紧紧环绕，深沉宁静的湖水澄澈纯粹，绿油油的草地，黄灿灿的油菜花，似云的羊群……这迷人的风景，令人陶醉。这就是青海湖，青藏高原上一颗璀璨耀眼的明珠。

坐落于青海省西北部的青海湖是一个美丽而又神奇的湖泊，在藏语中又叫“措温布”，意思就是青色的海。作为我国最大的内陆湖泊和咸水湖，青海湖大约形成于 200 万年前，是由大通山、青海山、日月山的断裂、陷落而成。

来到青海湖，第一个印象就是大，无与伦比的大，好像望不到头，虽没有大海的广阔无边，却有着大海的宏伟气魄。澄净的青海湖在阳光的折射下散发着耀眼的光芒，那深邃而迷人的蔚蓝色好像拥有一股奇幻的魔力不断地吸引着你。如果说滟滟西湖是

湖面上不时有海鸥掠过。

一位温婉的江南姑娘，那么宽广的青海湖就是淳朴、热情的藏族姑娘，脸上透着独有的高原红，勤劳、善良。西湖有着动人的白蛇传说，而青海湖也有着文成公主的故事。

美丽的传说充满着历史的风韵，寄托着人们对青海湖美好的期许和敬仰。传说，文成公主跋山涉水，经过青海湖时，连绵不断的群山好像一座座大门将她与故乡隔绝开来。想到即将离别故乡，文成公主伤心不已，就在此时，唐太宗为她送来了黄金制成的故乡的日月模型，以免其思乡之苦。从此，在青海湖畔便有一座日月山耸立。还传说文成公主经过青海湖时，前有一条河流需要骑马才能进入草原。她又感到万分悲伤，因为距离家乡更远了，面对此情此景，不禁掩面痛哭。也许是那哭泣的声音太过悲伤，因此感动了上天，于是奇迹就这样发生了，所有的溪流都是由西向东流，而这里的水却是向西流，承载着文成公主的思乡之情最终流入青海湖。

走近青海湖，首先映入眼帘的就是一望无际金灿灿的油菜花，一畦一畦的油菜花，中间夹杂着绿色草地，黄绿分明，好像一绢一绢精致的绸缎，这样瑰丽的景色也许只有心灵手巧的仙女才能编织出来。

来到青海湖的身旁，无边的湖水看上去就像和蔚蓝的天空连接在一起，碧波如镜，在阳光照射下清澈明亮，倒映着白云飘飘的天空，纯净得没有一丝瑕疵，好像跌落凡间的蓝宝石，美得令人心醉。泛舟于湖上，前行的船只就像划破光滑的镜面，让人心生不忍。空中不时掠过飞翔的海鸥，洁白、轻盈，充满着天地的灵性。

除了美丽的风光之外，这里还是鸟儿的天堂，各种各样的鸟儿在这里自由飞翔，那灵活跳动的小巧身影为青海湖增添了许多生机。蓝天碧水间，群鸟翔集，啁啾鸟鸣，鲜活的生灵时而俯冲捕食，时而展翅翱翔，灵动惬意，那自由自在的洒脱，令人心驰神往，那一幅幅灵动的画面，令人难以忘怀。

蓝天白云下的青海湖畔是一眼望不到头的金黄的油菜花。

青海湖畔的雪山连绵，有着壮丽巍峨的气势。

摄影小贴士

地理位置：青海省刚察县、共和县及海晏县交汇处

最佳时节：5 ~ 10 月

最佳美景：青海湖、草原、油菜花、鸟

拍摄建议：到青海湖拍鸟，最好选择 3 ~ 8 月，尤其 5 ~ 6 月鸟蛋遍地、小鸟出壳的季节一定要抓住，油菜花则适合 7 ~ 8 月拍摄。

纳木错 天使的蓝色眼泪

纳木错位于西藏中部，重镇当雄的西北面，藏语中是“天湖”的意思，是西藏三大圣湖之一，也是世界上海拔最高的大型湖泊之一。素以海拔高、面积大和景色壮丽而著称的纳木错海拔 4718 米，面积近 2000 平方千米，最深处超过 120 米。纳木错北面连接着起伏不断的高原丘陵，而南面则是常年积雪的唐古拉山，四周宽广的草原就像美丽的花环，将纳木错湖围绕在中间。

纳木错好似天使的眼泪滴落凡尘，半月形的它美得难以用语言来形容。渐渐靠近，阳光下，那耀眼的湛蓝恍惚你的眼眸，犹如一块巨大的蓝宝石静穆在雪山脚下，纯净、透明、超尘脱俗。站在岸边，湖水清澈见底，明亮如玉，净得让人心醉，亮得使人心旷神怡，轻抚湖水，带着雪域高原独有的冰冷浸入骨肉，寒入心脾。遥望远处，碧波万顷，静泊云天，晴朗之时，日照雪山掩映着湖水，金光闪闪，仿佛一条条金色的鱼儿跃出水面，欢快愉悦。此刻的纳木错像一个怯羞娇媚的少女，半掩着美丽无瑕的容颜，静待着人们撩开朦胧的面纱。尽管早已心有准备，但当你真的直面她那让人炫目的美丽时，那无瑕的美貌带给你难以言表的震撼。

西下的最后余光耀眼夺目，蓝天、白云、夕阳都倒影在了湖水中，有着别致的风情。

静坐在湖边，仰望湛蓝的天空，洁白的云朵随着清风的吹拂慢慢向前移动，此刻的世界似乎是停顿的，静谧中潮起潮落，日月轮回，仿佛被世间遗忘。湖畔的玛尼堆奇形怪状，经过风雨洗礼，原本尖锐的玛尼石已经退去了强硬的外衣，变得平整。那一座座金字塔似的玛尼堆成为高原一道道靓丽的风景。

牦牛，这种高寒地区特有的牛种，在纳木错的晴空下、碧水边静静站立。

纳木错万顷碧波中兀立着五座岛屿，据说，这五座岛屿由五方佛化身而成，来到这里的人焚香膜拜、祈求祝福。在湖水的东侧，古老的扎西寺静卧在雪山脚下，在许多虔诚的信奉者眼中，扎西寺就是神圣的化身，从古至今来这里朝拜的人络绎不绝。

月夜下的纳木错依旧美丽动人，纯净的黑夜仿佛无底的黑洞令人目眩神迷。皓月当空，洒下万缕清辉，繁星点点的夜空静默不语，在湖水拍打声中一切都显得如此静谧，让人不舍得发出一丝声响，生怕打碎了这片沉静。

纳木错，这座雪域圣湖，犹如天使的一滴眼泪，那纯粹清澈的静蓝，顷刻间浸润了世人浮躁的心田。

远处冰雪覆盖的唐古拉山与晶莹澄澈的纳木错相依相偎。

摄影小贴士

地理位置： 西藏自治区中部

最佳时节： 7～9月

最佳美景： 湖水、扎西半岛等五座岛屿

拍摄建议： 扎西半岛中间的小山丘是拍摄湖水的最佳地点，清晨和傍晚是风景最美的时候。

喀纳斯湖 神秘的变色湖

在云雾缭绕、绵延起伏的低山中，郁郁葱葱的林木环绕着一片清幽的湖泊，碧幽幽的，仿佛是熔化了的绿宝石，吸引着眼球不断地靠近。“喀纳斯”是蒙古语，意为“美丽富饶、神秘莫测”，迷人的风景、诱人的湖水使其成为了摄影迷们最喜欢的地方。

喀纳斯湖位于我国新疆阿勒泰地区布尔津县北部，是一个月牙形的内陆淡水湖。美丽的喀纳斯湖最初是第二次大冰时期的冰川，后来随着气候逐渐变暖，巨大的冰川开始退缩、融化，于是就有了现在的喀纳斯湖。得天独厚的自然条件孕育了喀纳斯湖优美纯净的景色，有奇妙的月亮湾，有如画的驼颈湾，还有美丽的卧龙湾，旖旎的风光使这里被多次评为“中国最美的湖泊”。

色彩绚烂、美丽如画的喀纳斯湖。

走进密林深处的喀纳斯湖景区，犹如一幅长长的画卷徐徐展开，无数的美景扑面而来。在蜿蜒曲折的道路两侧，分布着茂密的森林，一棵棵白桦树静静地散落在松树中间，雪白的枝干在一片青翠中很是显眼。河谷里的喀纳斯河晶莹碧绿，流泻如绸，在林间肆意穿梭。葱茏的树木挺立在潺潺河水的岸边，仿佛默默守卫的士兵，与流水一起静看四季变化和沧桑岁月。

驼颈湾是喀纳斯湖的入口处，清澈的河水在这里蜿蜒曲折，形成了一个大大的“之”字形，这个大的拐弯像极了骆驼弯曲的脖颈，河谷很深且河水湍急。春暖花开时的驼颈湾十分美丽，放眼望去，绿草如茵，漫山遍野的花朵如同一张张笑脸点缀在草丛中。漫步在水边的草地上，吸一口新鲜的空气，心情如蓝天上的白云自由自在，手中的相机更是无法停下。

沿着河谷前走，就来到喀纳斯湖，形似豆荚的湖泊水流清澈，碧绿中带点乳白。若是乘船在湖中游弋，船头犁开波浪，点点碎玉飞溅，惊起的飞鸟掠过湖面，仿佛要惊醒沉睡中的水怪。“喀纳斯水怪”一直是人们念念不忘的喀纳斯景观，很多人认为所谓的“水怪”实际是一种叫“大红鱼”的长寿鱼。不过，至今人们还没有确切了解到它的生活习性，多次的捕捉也都以失败告终。

喀纳斯湖还是一个“变色湖”，每逢春夏季，从四五月份开始，湖水的颜色随着月份的增加变幻成不同的颜色。五月，青灰；六月，碧蓝；七月，乳白；八月，墨绿；九十月份，湖水五彩斑斓；到了寒冷的十一二月，湖水冰封，成了白色的世界。

月亮湾在喀纳斯湖的出口处，月牙形的蓝色湖水分外吸引人的眼球，人们称其为月亮湾。从喀纳斯湖流淌而出的喀纳斯河不断变化，到达这里就变成了弯弯的月亮，据说这里的“月亮”会随着湖水颜色的变化而呈现出不同的颜色。若是在深秋季节，一排排金黄的白桦树，青黛色的松树，还有蓝天碧水交相辉映，仿佛一幅层次分明、五彩斑斓的油画。

“自然的美感如此残酷纯净，不能让人企及，因此有人对它膜拜。”喀纳斯湖是纯净而宁静的，在被称为“天堂”的湖光山色中酝酿出这样一份宁静的美丽，总是令人沉醉不已。

摄影小贴士

地理位置： 新疆维吾尔自治区阿勒泰布尔津县

最佳时节： 6月、9月最佳

最佳美景： 喀纳斯湖、月亮湾、驼颈湾、周围的村落

拍摄建议： 要想领略并拍摄喀纳斯湖最佳的美景，当在6月的繁花盛开的时节与9月的金秋季前往。

层林尽染的茂林中，一条弯如月的碧玉绸带飘散开来。

青烟薄雾笼罩下的喀纳斯湖，如人间仙境般神秘迷人。

泸沽湖 高原明珠

位于四川省凉山盐源县与云南省丽江市交界处的泸沽湖四周群山环绕，宛如一颗耀眼夺目的巨大宝石镶嵌在祖国的西南部，它既是四川最大的淡水湖泊，也是云南第二深的淡水湖。绿树掩映下的湖泊澄澈如镜，摩梭民歌在水天之间悠悠飘荡，古老的母系氏族遗风独自延续，一切都是那样惹人注目，摄影迷们更是被这片神秘的土地吸引。

海拔 3000 米的高原上，湖水烟波浩渺，清明如镜，在晨光里闪耀着晶莹明澈的光芒。碧波荡漾的湖水中盛开着一朵朵的白色小花，这是泸沽湖特有的海藻花，玲珑的植株在清风中摇曳，嫩黄的花蕊散发着幽幽清香。泸沽湖很像一弯皎洁的明月，又好像一颗凝结了千万年的纯净宝石，有着婀娜多姿的曲线和此起彼伏的山峦，崇峦叠嶂间依稀可见片片沙滩。湖中有三岛，像一只只小船漂泊在湖面，岛上有郁郁葱葱的树木，漫步其间，还可以听见鸟儿欢快的歌声，甚至还可以见到古老而富有特色的水上行宫。

湛蓝、纯净的泸沽湖。

湖的北岸有一座俊秀而美丽的大山，名字叫作格姆山，它是这里海拔最高的山峰，在当地摩梭人心中，它也是一座神山。耸入云端的山峰犹如粗壮的玉柱，悬崖峭立，深山荒谷中有郁郁葱葱的林木。登高望远，泸沽湖的美景尽收眼底，蔚蓝的湖水澄澈明净，好像一面跌落人间的宝镜，熠熠生辉，不愧有“高原明珠”的美称。在山的另一端，有一段蜿蜒的深谷，山谷中有淙淙的清泉，“泠泠”的水声在山谷中回荡，小巧玲珑的萨隆洞就隐藏在这座山谷中，不时还会传来鸟儿的鸣叫，此时的格姆山异常迷人。

除了高山，泸沽湖的东南面还有辽阔茂密的草地，一眼望去如同绿色的海洋，牛羊在这里悠闲地吃着草。浅海处丛丛芦苇荡随风飘扬，仿佛伸开双臂迎接远方的客人，簇簇的花草亦迎风招展。漫步在泸沽湖，偶尔会听到悠扬的歌声，清亮的嗓音划过平滑如镜的湖面，穿梭在山峦林间，深沉而又缠绵，与山中群鸟合鸣。能歌善舞是摩梭人的特点，大型舞蹈“情满花楼”诠释着摩梭人久远的祭祀礼制，表达着他们对大自然的敬畏与崇拜。或许正是这种虔诚，美丽的泸沽湖才会孕育出如此的灵性。

在这片湖光山色之间，摩梭人的村落零星分布，原木建造的木楞房依山傍水，恍若世外桃源。他们最吸引人的文化是其古老的婚姻形式。他们“尊母崇女”的文化传统，使得这片土地的山水有着秀美婉约的特点，走入这里仿佛走入一个纯美的女神领地。

静静地品味着这片湖水，静谧而缠绵，缕缕的水波荡漾，仿佛浸透着大自然母爱的凉荫。不必倾诉，只需凝望，那一抹深情胜过千言万语。

摄影小贴士

地理位置：四川省凉山州与云南省丽江市交界处

最佳时节：3～5月、9～11月

最佳美景：泸沽湖、格姆山、村落、摩梭人

拍摄建议：泸沽湖四季景色相差不大，冬季北方南飞的鸟类较多。最佳的摄影地便是湖边、草海、各个村落，既有风景也可以了解摩梭人。

夕阳西下众人归，岸边停靠的扁舟在湖面上静静飘荡。

将要落下的夕阳，将湖水和天空镀上了一层浓烈的红，远处的苍山也愈加黯淡如墨。

亚龙湾 东方威尼斯

形似弯月的亚龙湾享有“天下第一湾”的美誉，这里气候四季温和宜人、风景旖旎多姿如画。湛蓝的天空、明媚的阳光、明净的湖水、细腻的沙滩、五彩缤纷的海底世界，8 千米长的海岸线上椰影婆娑，别具风情的度假酒店鳞次栉比，似一颗颗璀璨的明珠，将亚龙湾装扮得如诗如画，光彩照人。这里不仅是旅游者的天堂，也是摄影爱好者的乐园。

亚龙湾位于三亚市东南 25 千米处，海湾三面青山环绕，而敞开怀抱的南面海岸好像一弯皎洁的月牙，海水湛蓝，水面风平浪静，洁白的沙滩犹如一条白色的纱巾围裹着海湾，像极了身披白纱眺望远方的年轻女子。

亚龙湾属于热带海洋性气候，四季如画的风景使它享有“三亚归来不看海，除却亚龙不是湾”的美誉。长达 8 千米的宽阔海滩十分平缓，踩着细腻洁白的沙滩，咸湿的海风吹动着岸边的婆娑椰影，如此闲适的美景，怎能不令人沉醉。你可以在清澈的海水中潜水，与各种各样的鱼儿嬉戏玩耍，触摸五彩斑斓的珊瑚，感受那绚丽多姿的美。还可以乘坐游艇劈波斩浪，与同伴来一场海上较量。

细腻柔软的沙滩上，一个个草帽般的小亭整齐排列。

在亚龙湾有关海洋产物的展馆众多，亚龙湾贝壳馆就是其中一个。它主要以贝壳为主题，展厅中不仅展览着各种各样的贝壳，其中还包括鹦鹉螺、红翁戎螺及海鸥蛤等众多精美的海螺，这里仿佛一个蓝色的海底世界，令人震撼兴奋，亚龙湾贝壳馆是摄影爱好者不可不去的一处地方。在度假区的北部，有一个形状很像蝴蝶的展馆，那就是亚龙湾有名的蝴蝶谷。内部展示着成百上千种名贵稀有的蝴蝶，色彩艳丽、五彩斑斓，这些大自然的精灵让人叹为观止。

这里不仅有被誉为“天下第一湾”的海湾，还有幽深静美的森林公园，连成一体才是一个完整的亚龙湾。在亚龙湾著名的热带森林公园中，有东园和西园两部分，亚龙湾度假区就处在东园和西园的包围之中。优越的地理位置孕育了森林公园发育良好的热带常绿性雨林，拥抱巨石的树中之王——高山榕傲视群雄；5月盛开的梧桐是山中最美的景观树；另类的滕竹匍匐前行，在林中肆意畅游。丰富多样的树种立体、多层分布，相互交融、变化多端、多姿多彩。

如果你认为沙滩和岩角是亚龙湾的全部美景，那就错了，登高望远，才算是真正欣赏到亚龙湾完整的美。红霞岭是亚龙湾最高的地方，近处茂密的椰林随风摇曳，偶尔从林间的缝隙中露出些许娇艳的红花，在风轻云淡的亚龙湾中异常醒目。远处碧蓝的天空和清澈的海水不分彼此连接在一起，十分宽阔、壮观。若是在天空晴朗的早晨，看那一轮红日渐渐跳出水平面，绮丽霞光映满天空，散发着迷人的光芒。在红霞岭的顶端坐落着一座好像在打坐的弥勒佛，巨大的佛身和生动的形象宛若真人。

亚龙湾海天仙境，人间天堂。在这个湾如虹、白如雪、细如面的海湾里，游人尽情释放自己，享受大自然带来的恩赐。

摄影小贴士

地理位置：海南省三亚市东郊

最佳时节：9月至次年4月

最佳美景：海洋、沙滩、椰林、贝壳馆、蝴蝶谷

拍摄建议：一排排的椰林、周边漂亮的度假酒店都是适合摄影的美景。由于紫外线强烈，所以拍摄时最好不要正对着太阳。

色彩斑斓、奇形怪状的贝壳。

在亚龙湾既可以乘船赏海景，也可以下水自在地游泳。

黄龙 人间瑶池

钙化景是黄龙特有的，图为钙化凝结后的池水岸。

黄龙位于四川省阿坝藏族羌族自治州松潘县境内，而黄龙中最为美丽的景色当属彩池、峡谷、雪山和森林。其中最富于色彩变化的五彩池被称为“人间瑶池”，在藏民心中它是堇色的海子。

黄龙，景如其名，黄龙景区内纵横交错着乳黄色的岩石，这些绵延弯曲的钙化景远远望过去就好像是一条条蛰伏的黄色巨龙。在如此多的钙化滩中，最长的有 1300 米，而缤纷的彩池多达 3400 个，几乎汇集了黄龙的所有精华。

沿着景区中的木质栈道缓缓前行，沿途有密集分布的青翠竹林和潺潺流水，清澈的溪流在岩坎的作用下形成数十道宛若银链的瀑布。五彩缤纷的彩池争奇斗妍、各展风采，令人目不暇接。透过那清澈透明的池水，一眼就能望到静卧的树干、光滑的池底。不远处静立的茅亭仿佛画龙点睛一般点缀着这恍若仙境的画面，站在亭中遥望，青山秀峰在云雾中若隐若现，蓝天白云映照在幽蓝池水中，加上从雪峰上吹下的微微寒风，异常清冷、静谧。

经过历史的变迁，明朝时期修建的原本是为了纪念黄龙真人的黄龙寺，如今变成了供游人休息的地方。古寺原有三座，前寺只剩遗址，中寺五座大殿保存基本完好，内部供奉有惟妙惟肖的观音像和罗汉塑像。转过黄龙寺，呈现在人们眼前的就是充满神奇变化的黄龙五彩池了。

五彩池位于海拔 3900 米的地方，是一个由数百彩池组成的彩池群。无数块大小不一的彩池仿佛一颗颗璀璨夺目的宝石被仙人撒落在碧绿的森林里，蓝绿、海蓝、浅蓝……艳丽奇绝。黄龙彩池主要由钙化体构成，经过阳光的照射变化出绚丽多彩的颜色，宛如梦幻的童话世界，令人目眩神迷。澄澈的池水沿着池边漫溢出来，一座座彩池如同交相辉映的玉盘，极其美丽。隆冬时节的黄龙一片银装素裹，漫天飘洒的雪花落在枝头上，如同银树开花，异常美丽。而此时的彩池则像极了纯净的碧绿美玉，在天地间熠熠生辉。

位于松潘县城西南方向的牟尼沟由于是新开发的景区，景色较之游人如织的黄龙和九寨沟更加纯净、美丽。在景区内，汇集了瀑布、湖泊、草甸、森林、溪流、山峰等，交相辉映，形态不一的海子可以与九寨彩池媲美，与黄龙的“瑶池”争锋。

在牟尼沟茂密的原始森林深处海拔 3270 米的地方有一处高 93.2 米、宽 35 米的扎嘎瀑布，这是目前我国最大的钙化瀑布。湖水从高处直泻而下，在下端阶梯河床的部分，形成一座座环形的瀑布。瀑布水势凶猛，气势磅礴，在略显静谧的山林中发出震耳欲聋的轰鸣，一改黄龙景区温润优雅的姿态。

拍完瀑布，神秘莫测的红星岩景区一定不要错过。它位于漳腊盆地东侧、岷山山脉西侧，海拔 4300 米。鲜艳的红色岩石包裹着不对称的五角星形的湖面，故而这湖又被称为“红星海”。当阳光穿过云雾照射在鲜血染过般的悬崖峭壁上，闪现出诡谲变幻的奇异色彩，令人叹为观止。

除此之外，还有终年积雪的雪宝顶、声势浩大的黄龙飞瀑、银色涟漪的金色铺地、丰富多彩的争艳池……一处处的景观，如诗如画，是大自然最神奇的杰作，是人类最宝贵的财富，让摄影者们心动不已。

摄影小贴士

地理位置：四川省阿坝藏族羌族自治州松潘县

最佳时节：9～10 月

最佳美景：黄龙瀑布、五彩池、红星岩、牟尼沟、扎嘎瀑布

拍摄建议：黄龙沟顶端的五彩池一带为主要拍摄点，傍晚的雪宝顶夕照也是一项重要拍摄内容。

除却中间多彩的彩池，冰雪覆盖下的黄龙一片洁白的世界。

黄龙寺是为祭祀黄龙修建的大殿，如今游客可在此休息。

外滩 东方华尔街

外滩就好像镶嵌在黄浦江畔的一颗明珠，故而它也被称为黄浦滩，共长 1.5 千米，东面靠近黄浦江，从南面的延安东路开始，向北直至苏州河外白渡桥，是上海一道亮丽的风景线。无论是到上海观光还是出差，人们必定会到外滩来走一走，欣赏一下那里风格迥异的建筑风格，霓虹如昼的外滩夜景，以及黄埔江畔的潮起潮落。

外滩就好像一个温顺、乖巧的孩子，静静地依偎着黄浦江。这里不仅有传统的中国建筑，还有极具异国风情的西方建筑，其中以风格迥异的“万国建筑群”最为醒目，包括了高耸尖塔式的哥特式建筑、富丽辉煌的巴洛克式建筑、神秘庄重的罗马式建筑等。黄浦江的对岸还有东方明珠电视塔和上海中心大厦等众多上海标志性建筑。复古与现代的结合使这里成为上海的标志之一，也是上海历史记忆的经典再现，更是充斥相机镜头的经典素材。

夜色渐浓，都市里亮起了灿烂的霓虹灯，此时的外滩是一天之中最美的时候，林立的摩天大厦在黄浦江边展示着自己的绰约风姿，十里洋场的夜生活就这样拉开了序幕。那挺拔的东方明珠就好像一位羞涩的少女，在江面上晕染开自己的青春气息；高耸入云的金茂大厦和环球金融中心，被人们举起的闪光灯映衬得更加金碧辉煌；拔地而起的上海中心则像一条出水蛟龙腾跃升空。是的，外滩的夜景就是如此迷人，如水晶宫般流光溢彩的夜景，向所有的人展示着上海的繁华与绚丽。

情人墙，一道水泥砌就的防洪墙，一个缠绵动人的名字，一代上海青年人最美好的记忆，一处上海人用精神造就的大森林。来到情人墙边，处处都是情意绵绵的小情侣们，他们或手挽着手、或静静相拥、或低语呢喃，间隔虽近，却自成一方天地，互不干扰，也不在意他人投来的眼光。这处充满浪漫气息的地方的产生，却是因为20世纪七八十年代家里地方小，不方便谈情说爱，而偏僻的地方又不安全，于是外滩这个地方，就成了恋爱的最佳场所。

每当夜幕降临时，一对又一对情浓意长的情侣就会在悄然间出现在这里，朦胧的月色下，江中波光点点，那带着淡淡江水气息的微风拂面而来，周围闪烁的霓虹灯又增加了几丝旖旎的温情，情侣们相依相拥在江边表白心意、互诉衷肠，那鸣起的游轮汽笛声和人群中散发出的喧闹声，仿佛都是为了见证他们最美丽动人的爱情。情人墙是热恋中的情侣们得以圆梦的浪漫场所。

在外滩与东方明珠之间600多米长的观光隧道是上海的另一颗明珠。它既有优美迷人的外观，又有绚丽多彩的内部设计。在隧道内，人们可以通过音乐和景象来一场“穿越时空”的梦幻之旅，感受极致的视觉冲击和强烈的刺激。相信一定会给你留下最难忘的记忆。

外滩是上海这座海派城市最有代表性的文化符号。她不仅有旧时异国情调，也有现代大都市明快的节奏步调。她近百年来的沧海桑田折射出中西文化胶着与融合的时代特色。

摄影小贴士

地理位置：上海市中心黄浦区

最佳时节：四季皆宜

最佳美景：东方明珠塔、上海中心大厦、万国建筑群、观光隧道、情人墙等

拍摄建议：上海外滩典型的建筑以及繁华的夜景是最具有代表性的，手中的相机一定不要错过。

万国建筑群就好像一颗散发着莹莹光辉的明珠点缀在外滩上。

夕阳下的外滩格外美丽动人。

长江三峡 绝美河川

长江，亚洲第一大河，世界第三长河，几千年来，巨龙般盘桓在中华大地，哺育着祖祖辈辈的华夏子孙，以其博大的胸怀和磅礴的气势孕育了五千年的灿烂文明，被誉为中华民族的母亲河。

“你从雪山走来，春潮是你的风采。你向东海奔去，惊涛是你的气概……”长江的源头在唐古拉山的格拉丹东雪峰上的冰川，经过近 7000 千米的蜿蜒最后汇进了东海。长江流经的地形十分复杂，有高原、盆地、山地、丘陵和平原，而且还有广阔的水域面积，约 180 万平方千米。在这庞大的流域内，中华文明的曙光开始点亮，各种远古时期的文明在此兴起，元谋人、巫山猿人、郧西猿人等在此生存繁衍，成为人类的发源地之一。

夕阳下的长江三峡愈加壮丽。

在长江的众多美景中，三峡的美丽无疑是最为引人注目的，它就像是王冠上灿烂的宝石一样光彩夺目。三峡长 192 千米，西起白帝城，东达南津关。在这一段不长的流域内，两岸风光旖旎，人文底蕴深厚，共同构成一幅壮美绮丽的山水画廊。

瞿塘峡作为长江三峡的开端，长大概 8 千米，可以说是三峡中最为险峻的地方。峡谷口两岸如削、岩壁高耸，犹如将要闭合的大门，长江水在这里由缓变急、波涛汹涌、声若雷吼、蔚为壮观。此处就是古时的夔门，山壁上有“夔门天下雄”的崖刻大字。瞿塘峡虽然不是很长，但是却有着“镇全川之水，扼巴鄂咽喉”的气势，在古人的眼中，瞿塘峡就是“岸与天关接，舟从地窟行”。从峡谷口乘船沿着江水行走，白帝城、犀牛望月、凤凰饮泉等美景一一呈现在眼前，令人目不暇接。

巫峡是三峡中最美的一处风景，西起大宁河口，东至官渡口，长 40 多千米。巫峡的美，幽深中透着秀美，有时候还有一股绚丽迷人的气质。江水的两岸有连绵不断的青山，像极了注目远眺的仙女，与波光粼粼的江水相互交融，形成一幅写意山水画。神女峰在巫山十二峰中最为俏丽，在云腾雾绕间，山峰若隐若现，翘首远望，仿佛一位深情的亭亭少女注视着远方。“放舟下巫峡，心在十二峰”，诸峰绮丽如画，姿态万千。

千百年来无数的文人墨客在巫峡这段美景中留下了许多足迹，除了十二峰的动人故事外，还有陆游古洞、“楚蜀鸿沟”题刻及神女庙遗址等名胜古迹。那些刻在江岸岩壁上的累累墨痕，无不充满诗情画意，悠悠的江水滋润着历代文人墨客的生花妙笔，留下了灿若繁星的诗词篇章。

三峡中最长的峡谷定是西陵峡，西起香溪口，东到南津关，大概有 76 千米。西陵峡有很多弯弯曲曲的峡口，异常险要，如兵书宝剑峡、灯影峡等风景独特的峡谷。大峡、小峡相互嵌套是西陵峡独特的景观，奔腾不息的河水在狭窄的山谷中快速前进，撞击在岩石上发出震天的响声，就好像沸腾的开水。如此壮观的美景自然少不了文人墨客的吟咏歌唱，白居易、欧阳修、苏轼等历史名人都曾来过这里游览，并且留下了千古绝唱。另外，这里还有昭君故里、屈原故里等名胜，为这里增添了浓郁的历史文化气息。葛洲坝的建造使这里的水势逐渐变得平缓，渐渐开始起到航运的作用，经常可以见到帆船在其中航行。

长江宛若一条肆意的巨龙从青藏高原直泻而下，汇入东海，江水奔流，如是汪洋，给沿岸带来了财富，也带来了灾难。“截断巫山云雨，高峡出平湖”，三峡大坝的建成给这条充满野性的巨龙戴上了紧箍咒，在合理的范围内利用长江造福于民。如今的长江依旧壮丽雄奇、举世无双，任世事沧桑变化，一如既往地哺育着中华民族。

摄影小贴士

地理位置： 流经青海省、上海市等 11 个省、区、市

最佳时节： 四季皆宜

最佳美景： 瞿塘峡、巫峡、西陵峡、神女峰、昭君故里、屈原故里等

拍摄建议： 三峡风景随四季变换而不同，春秋季是最佳时节，11 ~ 12 月正值三峡金秋季节，满山红叶如火，也不容错过。

巫峡口。

三峡两岸崖壁陡直如削，江水滔滔不绝，雄伟壮阔。

赛里木湖 情人的眼泪

赛里木湖，古称“净海”，位于新疆的博尔塔拉蒙古自治州州博乐市，坐落在美丽的天山中，是这里最大的湖泊，干净纯洁得没有丝毫的瑕疵，被誉为“天山的明珠”。椭圆形的赛里木湖有着神奇秀美的自然风光和传奇动人的故事，吸引着远方的游客和摄影爱好者纷至沓来，一睹芳容。

登高远眺，一眼便可窥见赛里木湖的全景，它就像一颗高悬于西北天山之间的盆地中的璀璨夺目的蓝宝石，四周被白雪皑皑的群山环抱，湖畔绿草鲜花铺就的地毯，碧空如洗的湛蓝天空，朵朵如棉花般盛开的云，自在悠闲的羊群，组成了赛里木湖这片神圣、美丽的土地——人间难得的净土。

在赛里木湖这片美丽的地方，还流传着一个凄美动人的故事。相传，在这片纯净的地方，美丽的切丹姑娘和英俊的雪得克相爱了，他们原本过着幸福美满的生活。但是有邪恶的魔王迷恋

由浅到深的碧水，在蓝天白云下、雪山草地间深深镶嵌。

上了切丹姑娘的眉毛，于是有一天把她抓进了魔宫。勇敢、倔强的切丹姑娘誓死不屈服于魔王，最后找机会逃脱了魔宫。但在逃跑的过程中她被魔王追上，无奈之下逃进了深潭之中。当雪得克得知消息，匆忙赶来后，切丹已经陷入泥潭中，无法挽救了。悲切之下，他也追随切丹而去，跳入了深潭之中。这对恋人至死不渝的爱情感动了上天，于是潭中流出了滚滚涛水，这就是后来的赛里木湖。动人的传说为这片土地增加了几分神秘动人的色彩。

来到赛里木湖，最不可错过的便是“赛湖跃金”这一美景，这也是赛里木湖吸引众多摄影迷的原因之一。日出日落时分的赛里木湖，有着不同于往日的壮美。当拂晓之时走出帐篷，在深沉的朦胧暗色中静静等待那冲破云雾的晨曦。当一条条变换的蓝色、紫色云霞在空中飘舞的时候，整个天地之间呈现出一种奇异的景致，空气中氤氲着丝丝雾气，一切是那么的不真实，如同美丽的童话世界。当一缕阳光冲破云雾闪出金色的光芒时，整个湖面一片金光粼粼。若是这时恰有一群飞鸟略过，那美妙的景色更是美不胜收。天光大亮、云雾散去，赛里木湖露出了本来的面目，清风携带着清新的味道吹过蓝色湖面，四周一片静谧，令人不忍打破这片刻的安宁。当炊烟升起，牛羊开始在湖边漫步，赛里木湖热闹的一天又开始了。

赛里木湖最美的时节便是春末夏初。那时，湖畔辽阔的大草原上溪水潺潺、绿草如茵、野花遍地、牛羊成群、毡房点点，构成了一幅充满诗情画意的牧场风景画。每年的 7 月底 8 月初，当地的蒙古族和哈萨克族的牧民就会举办那达慕大会，届时草原上方圆百里的蒙古族和哈萨克族牧民便会相约而来，在草原上赛马、摔跤、唱歌、跳舞，寂静的赛里木湖成了欢腾的海洋。

赛里木湖，一首多情的诗歌，一幅动人的塞外风景画，是上天赐给人间的稀世礼物，让你忘却世俗的烦恼与嘈杂琐碎的俗事，静静聆听风的歌唱，欣赏景的神韵，获得心间的安详宁静。

赛里木湖的日出。

冬日的赛里木湖一片冰天雪地，晶莹剔透。

摄影小贴士

地理位置： 新疆维吾尔自治区博尔塔拉蒙古自治州博乐市境内北天山山脉中

最佳时节： 4 ~ 10 月

最佳美景： 赛里木湖十大美景

拍摄建议： 赛里木湖光线变化丰富，使它具有多变的面容，日出日落时绚丽多姿的晚霞，夜幕降临时雪山、湖水、晚霞和公路交叠的画面都是拍摄的绝佳素材。

扬州瘦西湖 诗画园林

临水而筑的楼阁与翠绿的树荫，构成一幅优美的风景画。

“故人西辞黄鹤楼，烟花三月下扬州。”扬州这座历史文化名城，就像一座厚重的宫殿，一本阅不尽的古籍，2500多年的历史积淀造就了其光辉灿烂的文化，也孕育了丰富多彩的景色。在这数不尽的万千景致中，瘦西湖无疑是王冠上的明珠。李鸿章的孙子李孔昕先生游览瘦西湖后曾感叹道：“二十四桥月如钩，黄花开遍瘦西湖。西子范蠡今若在，不到杭州到扬州。”

瘦西湖原名保障河，由于曾经缺乏疏通，湖心淤塞、一片荒芜，当地的官绅和盐商富贾在乾隆巡游扬州时，为迎合圣心，便出资疏浚营造，沿岸的亭台楼阁也于当时兴建。尽显风雅绝代的

诗情画意的瘦西湖，是国家重点风景名胜区，拥有卷石洞天、长堤春柳、四桥烟雨、徐园、梅岭春深、木樨书屋、月观、钓鱼台等多个著名的景点。

天下“西湖”众多，而扬州的瘦西湖却是少有的以“瘦”为美，并且扬名天下，一个“瘦”字就将它纤秀、俊俏、苗条的风韵表达了出来，真可谓是画龙点睛之笔。“垂杨不断接残芜，雁齿虹桥俨画图。也是销金一锅子，故应唤作瘦西湖。”清代诗人汪沆的一首诗，使瘦西湖之名闻名中外。易君左也曾将天下名湖加以比较，在文中写道：“东西洞庭绝对是一对酒窝，西湖就好像一对剪水秋波，瘦西湖就好像夹在翠眉间的一线‘眉心俏’！”将瘦西湖的风情与精致恰如其分表达出来，让人们不得不为之倾心，并挂于心间。古往今来，多少文人骚客、风流雅士为它留下了无尽的赞美、千古的奇谈，让它那旖旎的风姿成为不朽的经典。

相比起名气甚大的杭州西湖，扬州瘦西湖显得相对淡雅安静和含蓄了些。从瘦西湖南门进入，首先映入眼帘的是长堤春柳。

春到江南，瘦西湖一派水润明媚的景象。

摄影小贴士

地理位置：江苏省扬州市大虹桥路 28 号

最佳时节：3～4 月

最佳美景：长堤春柳、虹桥、徐园、五亭桥、钓鱼台、小金山、月观

拍摄建议：清晨的烟雨蒙蒙和傍晚的夕阳西下，都是最美的景；春季和秋季也是拍摄的最佳时节，色彩明丽、层次感强。

每当烟花三月，湖面微波粼粼，湖畔绿柳复苏、桃花娇艳，形成“三步一桃、五步一柳”的景致。沿着长堤春柳漫步到尽头，便到了徐园。徐园原是清初韩园桃花坞故地，1915 年为纪念革命烈士徐宝山军长，构建徐宝山祠堂，并名为徐园。每逢秋季，一年一度的扬州菊花展就会在此举行，各色的菊花盛开，争奇斗妍、芳香扑鼻，是游园的好时机。

走出徐园，一条优美的石桥横跨于保障湖水之上，这即是瘦西湖 24 景之一的虹桥。漫步于石桥之上，俯首低看，那碧幽清澈的湖水中，还能看到自己的倒影随着粼粼碧波轻轻荡漾，二者仿佛融为了一体。站在桥中央还可眺望远处湖中景色优美的小金山，小金山是瘦西湖中最大的岛屿，岛上密布着各式各样的古建筑，如风亭、吹台、琴室、木樨书屋、月观等，有着“湖上蓬莱”之称，也是瘦西湖中最吸引人的一处胜景。

小金山上的月观是扬州最佳的观月之处，其名字也因此而来。月观是岛上一座小巧玲珑的建筑，坐西朝东，面临着开阔的湖面，每当明月高挂时，驻足观赏，天上明月、水中皎月交相辉映，呈现出一派清辉世界，仿若天上月宫，泠泠兮，邈邈焉。从月观向东眺望，在那葱茏的绿荫间掩藏的一座古典式的楼宇就会进入视野之中，这便是瘦西湖中最著名的一处景观——“四桥烟雨楼”。之所命名为“四桥烟雨”，与此处巧妙的构思有着紧密的联系，当烟雨蒙蒙之际，登楼远眺，四座风格不同的桥若隐若现，那绰约的风姿别具一番风味，引人无限遐想。

沿着小金山向西而去，深入湖中的长堤尽头是一座古典雅致的小亭，名叫“吹台”。相传乾隆皇帝下江南时曾在此处钓过鱼，所以又名“钓鱼台”。与北京颐和园的钓鱼台、陕西姜太公的钓鱼台相比较而言，扬州的钓鱼台虽体量小，但却有自己独特的艺术魅力，采用了绝妙的框景艺术，从门洞望去，周围风格迥异的美景在眼前呈现，如同一幅缓缓铺展开的绝世名画。

在瘦西湖中处处可见各式各样的桥，而其中最具代表性的则是有着“中国最秀美的桥”之称的五亭桥，因桥上建有五亭而得名。横跨瘦西湖南北两岸的五亭桥典雅秀丽，造型独特，桥身共有 15 个孔。相传每年的中秋夜，从桥下的 15 个桥洞中都可以看到一轮明月的倒影，再加上天上那一轮明月，共可看到 16 个月亮，十分神奇。

“诗画瘦西湖，人文古扬州。”在烟花三月，迎着春天的气息领略一番瘦西湖的景韵，用相机留下她美丽动人的身影、妩媚多姿的风情吧。

瘦西湖拱桥。

茶卡盐湖 天空之镜

对于很对摄影爱好者来说，茶卡盐湖是一定要带着相机去的地方，这里曾经被《国家地理杂志》评为“人一生必去的 55 个地方”之一。在这里时间好像静止了，仿佛被定格后拍成的照片，天地间展示的是一种纯粹，只有最纯的蓝和最纯的白。漫步其中好像身处一个悠长的梦境，让人不知虚幻与真实，因此茶卡盐湖也有着“天空之镜”的美誉。

茶卡盐湖位于青藏高原上，距青海湖并不远，是柴达木盆地四个盐湖中面积最小，但景色最美、开发最早的。茶卡盐湖自古以来就以盛产青盐而闻名，已经有 3000 多年的盐业开发历史。由于地理位置重要，盐湖也是从新疆进入西藏的必经之路，是古代丝绸之路上的重要商贸中转站。盐湖是由于青藏高原在地质运动中不断抬升，原来的海水聚集在低洼地形成的。这里的盐量非常庞大，且非常容易开采，据说可以让全国人食用 80 多年。

摄影小贴士

地理位置：青海省海西蒙古族藏族自治州乌兰茶卡镇附近

最佳时节：6 ~ 10 月

最佳美景：盐湖、盐雕、小火车、铁轨

拍摄建议：每年的 7、8 月份是茶卡盐湖最美的季节，既可以拍摄日出或日落时的美景，也可以拍摄青盐喷洒的壮景。

日出和日落是游览茶卡盐湖一定要看的景致，绚丽壮观。

每年的 7 ~ 8 月份是茶卡盐湖最美的季节，此时充沛的雨水让整个盐湖的面积不断扩大，清澈的湖水倒映着天光云影，在洁白青盐的映衬下美丽无比，好像一块明亮的镜子被镶嵌在这广袤的雪山草地间。远处苍茫的雪山，近处如茵的牧草，在蓝天白云下悠闲食草的牛羊，所有的景象都映印在纯粹的茶卡盐湖，好似如梦如幻的神秘之境。

茶卡盐湖最吸引人的就是那条延伸至湖心的简陋铁轨，通过这条小铁路可以深入湖心处。要是在日出或是日落时分来到茶卡盐湖，绚丽的日色景观在纯净盐湖的映照下壮观无比，每当此时这里都会聚集着众多的摄影爱好者，“咔嚓、咔嚓”的响声不时入耳，可知他们都已拍摄到心仪的画景。所以，来到茶卡盐湖一定要坐小火车到达盐湖的深处，在那里才能领略茶卡盐湖最美的景致。

卧佛盐雕。

每年的茶卡盐湖都会举办盐雕活动，这些盐雕规模庞大、主题广泛且保存时间长，各种富含寓意的盐雕惟妙惟肖，是众多雕刻爱好者的天堂。茶卡盐湖有着众多的美景，聚集着绚丽多彩的高原风光和奇异的盐湖景色，是名副其实的“人一生必去的地方”。

栩栩如生的牛郎织女盐雕。

有人形容茶卡盐湖是一位娴静的少女，脚踩着巍巍的高原，湛蓝的天空是轻纱的外衣，缥缈的白云被绘织在裙摆，远山如眉、静湖如眸，那一抹深情让每一个游客都魂不守舍。站在茶卡盐湖静谧的天地间，远处绵延的雪山静默，周围空灵缥缈，好像步入童话世界，以至于不敢相信这是真实的世界。

漓江 百里画廊

漓江，我国最负盛名的旅游胜地之一，历史悠久，曾名桂水，或称桂江、癸水、东江，孕育了秀甲天下的独特自然景观，有着“山青、水秀，洞奇、石美”四绝之美誉。“江作青罗带，山如碧玉簪”是对漓江山水风光最真实的写照。

桂林的山水与广阔无边的大海和如诗如画的西湖不同，这里的山和水相互环绕，是彼此不可分割的一部分。若是乘坐竹筏在薄雾迷蒙的江上穿行，两岸连绵的青山和高悬的瀑布逐渐展现在眼前，似幻似真的美景就好像意境幽远的山水画，无愧其“桂林山水甲天下，阳朔山水甲桂林”的美誉。

百里漓江处处皆胜景，犹如颗颗明珠撒落在两岸。乘着竹排沿着漓江顺流而下，晶莹剔透、清澈见底的江水泛起细细的涟漪，

瑰丽多姿、雄奇秀丽的漓江风光。

遇龙河被人们称为“小漓江”，宛如“小家碧玉”令人怦然心动。

烟波浩渺、山水一色，真是“舟行碧波上，人在画中游”，令人神思遄飞。漓江发源于兴安县猫儿山，宛如一条精心缝制的碧色玉带，在苍翠的群峰中飘荡，此处诞生了世界上景色最为优美、规模最大的岩溶景区。遇龙河是漓江在阳朔境内最长的一段，人称“小漓江”。在这片返璞归真的天地里，远离都市的繁华，没有丝毫的现代气息，赏心悦目的田园风光让人仿佛进入了诗画中的完美境界，一切都充满着原始的朴实与自然。

“群峰倒影山浮水，无山无水不入神。”波光粼粼的漓江与四周连绵的群山交相辉映，挺拔的山峰在云雾中显得绰约多姿、缥缈妩媚。沿着漓江，还可以欣赏到千奇百怪的石头，摹人拟物、光怪陆离，夺尽天地之造化。

有着“桂林的象征”之称的象鼻山，是一处必拍的景。远远望过去，它与站在江边把鼻子伸进水里喝水的大象极为相像。沿着山的西面拾级而上可达到顶端，在山上有一对象眼岩，酷似大象的眼睛。在大象右眼下方有一个半月形的水月洞，每到晚上月亮刚升起来的时候，象鼻山与水月洞一起组成了一道靓丽的风景线。“水底有明月，水上明月浮。水流月不去，月去水还流。”由此可看出，古人对水月洞的奇景极尽赞美之情。

象鼻山是桂林的象征，也是拍客们必拍的景。

乘坐扁舟漫游漓江，沿途可看到漓江边上有一座傲然耸立的孤峰，那就是桂林的“众山之王”——独秀峰。南朝宋诗人颜延之有诗云："未若独秀者，峨峨郛邑间。"独秀峰挺拔俊秀，岩壁洁润，登临其上可饱览漓江美景。独秀峰的山下有保存完整的具有浓郁明代风格的藩王府和斑驳的明代城墙。藩王府内景色优美，自然风光与建造者匠心独运的工艺完美结合，达到了天人合一的境界，可以毫不夸张地说"阅尽王城知桂林"。

当站在高处俯瞰龙胜梯田时，你会不由得感叹先人们巧夺天工的创造和坚韧不屈的精神。庞大的梯田秀美壮观，从山脚到山顶盘旋而上，层叠相交、如链似带、行云流水、高低错落、气势磅礴，堪称天下一绝。在这大大小小如螺似塔的梯田里，每块田地大不过一亩，绝大多数是只能种一二行禾的"带子丘"和"蚂拐一跳三块田"的小田块。梯田一年四季景观富于变化，各具特色，播种季节，灌满水的梯田如串串银链，环绕群山；夏季绿浪翻滚，如波涛汹涌；秋收之时，稻穗沉甸，一片金黄；隆冬之际，环环梯田盘若苍龙。

百里江流千幅画，漓江山水甲天下。大自然用它的丹青妙手幻化出了漓江这样一幅立体的山水画廊，古朴秀美的渔村屋舍、变幻多端的景色令身处其间的人心神摇动，啧啧称奇，无怪乎古人有"桂山之奇，宜为天下第一"的感叹。漓江，这处桂林山水的精华与灵魂汇集之处，不知多少文人墨客为之陶醉，留下数不尽的赞美之词，不知多少摄影爱好者被它所吸引，不远万里来此一拍胜景。

摄影小贴士

地理位置：广西壮族自治区东北部

最佳时节：4 ~ 10月

最佳美景：遇龙河、象鼻山、独秀峰、龙胜梯田等

拍摄建议：漓江的两岸奇峰耸翠，景色瑰丽，处处都是拍摄佳境，想要拍摄漓江倒影，则最好在早晚取景。

日落时分的漓江，水天一色，瑰丽异常。

鼓浪屿 万国建筑博览群

鼓浪屿是厦门最大的卫星岛屿，岛上岩石峭立，嶙峋峥嵘。海浪日夜的冲击敲打使这里形成了很多山涧幽谷和陡峭的崖壁，处处可见沙滩、礁石、岩峰的踪迹。每当潮起潮涌时，海浪拍打着中有洞穴、高约 2 米的西南方向的礁石，声如擂鼓，相传由此才诞生“鼓浪屿”的名字。

在这个不到 2 平方千米的小岛上，保存着中外风格各异的建筑物，还有着“海上花园”“万国建筑博览”“钢琴之岛”“音乐之乡”的美称。在这里长满了热带、亚热带的林木，清澈广阔的海面、细腻的沙滩、鳞次栉比的红顶楼房、斑驳嶙峋的峭石崖壁……组成了一幅美丽的画卷，为摄影者所钟爱。

由于历史的原因，鼓浪屿上的建筑风格充满欧陆色彩，古希腊的三大柱式、罗马的圆柱、哥特式的尖顶、巴洛克式的浮雕……精彩纷呈、争奇斗妍。其中，建于 1921 年的海天堂构融合了中西方建筑文化的精髓，按照对称的审美风格建造的别墅群，是鼓浪屿的十大别墅群之一。重檐斗拱、飞檐翘角的门楼，是中国传统风格的典型样式，而在门楼前后两侧的楼宇却是运用的古希腊柱式，在装饰上采用了中国传统的雕饰。海天堂构中最具个性的当属中楼，它主要模仿古代大屋顶宫殿式的建筑，“是宫非宫胜似宫，亦殿非殿赛过殿；不中不洋不寻常，中西结合更耐看”。作为历史上的特殊之地，鼓浪屿上中西合璧的建筑和文化比比皆是，洋溢着古典主义与浪漫主义的色彩。

日光岩高耸于岛的中南部，是鼓浪屿的最高峰，拥有绝佳的自然条件，也是岛上最佳的观景点。相传郑成功曾来到这里，发现此处的景色秀丽怡人，远远超过了日本的日光山，便把“晃”字拆开，称之为“日光岩”。在日光岩上还分布着各式各样的摩崖石刻，多达 80 多处，是这里有名的文化景观。

在日光岩的下方，菽庄花园如温柔的少女静静伫立，烟波浩渺的青屿和浯屿呈现出楚楚动人的姿态，和俊秀挺拔的英雄山一起构成了一幅立体感十足的秀美风景画。走进菽庄花园，池塘、假山、楼阁，各色美景纷至沓来，相互映衬，相得益彰。菽庄花园原是私家花园，建造时依海而建，海藏园中，傍山为洞，山光水色互为衬托，混为一体。既有山海之致，又有岩洞之幽，加之树木葱茏、鲜花飘香，是鼓浪屿难得的美景。

作为音乐之乡，鼓浪屿中走出了无数杰出的音乐人才，有男低音歌唱家吴天球，钢琴家殷承宗、许斐星，指挥家陈佐湟、卓一龙等，还有中国的第一位女声乐家、指挥家周淑安等。此地拥有的钢琴数量更是居全国之冠，在著名的鼓浪屿博物馆中珍藏着 19 世纪保存下来的各种各样的钢琴。漫步在那虽不宽阔却洁净清新的街道上，不时就会飘来一段优美的钢琴声，或者是动人的歌声，倾倒无数游人。

鼓浪屿，一个美丽多情的小岛，碧海环绕、浓荫覆盖、干净清幽，这里没有车水马龙，没有喧闹嘈杂的街景，空气中处处飘荡着悠扬悦耳的钢琴声和淡淡的花香。宁静安详的鼓浪屿，如一幅静美飘逸的画，写意而不张扬，静待知者到访。

摄影小贴士

地理位置： 福建省厦门市思明区

最佳时节： 3 ~ 5 月、9 ~ 10 月

最佳美景： 中外建筑、林荫小道

拍摄建议： 日光岩上的日出、海天堂构、菽庄花园都是不可错过的拍摄景点。

古老的海天堂构，中西方文化结合的典范之作。

巨大的郑成功雕像。

夕阳尽情释放着最后的光辉，蔚蔚大海、浩浩沙滩皆被染成了金黄色。

镜泊湖 光彩如镜

杭州西湖、泸沽湖、青海湖……说到这些人人所熟知的名湖，它们的浓妆淡抹或清雅妩媚就会自然而然地显现在脑海里。而镜泊湖却有着另外一番情调，这里有嶙峋的火山熔岩、幽静的湖水和雄奇的瀑布，充满着古朴和自然结合的特质。

镜泊湖位于黑龙江宁安市，是我国最大、世界第二大高山堰塞湖，海拔 350 多米，因湖面澄澈如镜而得名。呈“S”形的镜泊湖面积广阔，全湖可分为上湖、南湖、北湖和中湖四个区域。镜泊湖景观众多，主要有珍珠门、大孤山、小孤山、吊水楼瀑布、道士山和火山等八大景观，如同八颗熠熠的明珠点缀在青山绿水中。

镜泊湖中有小岛，岛上树木葱茏，环绕着楼阁建筑。

在这八大景观中，吊水楼瀑布无疑是最为引人注目的。吊水楼瀑布是一座长100多米、高20多米的大瀑布，因岩石断裂形成的落水深潭。每年的雨季是吊水楼瀑布最为壮观的时候，是时四面八方的河水汹涌到瀑布潭口，陡然失去重心而急速下降，形成呼啸奔腾的瀑布景象。在瀑布的不远处建有观瀑亭，每当天气晴好时，潭水上空就会出现绚丽的彩虹，与壮观的瀑布一起形成“浮云堆雪”的奇景。而在枯水期，瀑布的水量减少，原本隐藏的岩石便裸露出来，经过瀑布冲刷后的岩石光滑圆润，摸在手中无比清凉。

镜泊湖的湖水很是清澈，整个湖面就像一面不规则的光滑镜面，映照着蓝天白云。在湖面穿梭的游船好像悬浮在空中一般，激起的涟涟水波摇曳着两岸秀美的景色。在湖泊周围，山峦绵绵，陡峭的山崖让镜泊湖有着小三峡的壮观景象。

镜泊湖一年四季都有属于自己的景色。春季融化后的雪水滋润着山花野草，呈现一派斑斓绚丽的画面，伴着阵阵清香，很是好看。夏季的镜泊湖景色最为优美，苍翠的青山、汹涌的瀑布、静谧的湖泊，在炎热的夏季带来阵阵清爽。秋季的镜泊湖是自然画家施展的舞台，艳红的树叶映照在清澈的湖水中格外静美。镜泊湖的冬季来得比较早，鹅毛般的大雪覆盖整个镜泊湖，晶莹剔透，宛若冰雪世界。

位于湖边的静泊山庄掩映在苍翠的林木之间，那风格各异的建筑装点着这片湖光山色，显得古朴和宁静。在镜泊湖没有登高眺望的塔台，没有弯弯的拱桥，也没有规模庞大、建造华丽的亭台楼阁，有的只是朴素和自然。

摄影小贴士

地理位置： 黑龙江省宁安县境西南部

最佳时节： 6~9月

最佳景点： 吊水楼瀑布、珍珠门、大孤山等

摄影建议： 吊水楼瀑布气势宏大，雄伟壮观，宜广角镜头远摄全景；镜泊湖风光静好，极宜拍摄，注意光线与角度的把握与调整。

乘坐游船是最好的游览方式，镜泊湖的全景尽收眼底。

吊水楼瀑布是镜泊湖最主要的景观，在雨季，瀑布非常壮观。

大明湖 泉城明珠

造型优美的拱桥横跨在湛蓝的湖面上，组成一幅优美的风景画。

大明湖，一个随着《还珠格格》影视剧播放被越来越多的人所熟知的地方，这里不仅是夏雨荷与乾隆皇帝相遇之处，更是济南这一繁华都市中一处难得的天然湖泊。大明湖以澄净的湖水和如画般的景色而闻名，是济南城中一颗耀眼的明珠，享有“泉城明珠”的美誉。

大明湖位于济南市偏东北的一隅，是济南众多泉水的汇集之处，湖面 58 公顷，平均水深 2 米左右，最深处 4.5 米。大明湖风景优美、秀丽迷人，人文历史更是悠久深厚，早在北魏年间就有相关文字记载，唐宋时期就已声名远扬、闻名四海，宋时曾巩曾有诗道“问吾何处避炎蒸，十顷西湖照眼明”，此处的西湖即大明湖，而非杭州西湖，大明湖已成为大家不可不去、不可不赏的一处胜景。大明湖还有四大怪，即“蛇不见，蛙不鸣，久雨不涨，久旱不涸”，更是为其增加了浓重的神秘色彩，令人心驰神往。

“四面荷花三面柳，一城山色半城湖”是大明湖风景的最好写照。湖水碧波晶莹，湖上鸢飞鱼跃，湖中碧叶连天，荷红点点，清香四溢，沁人心脾。碧波上、荷叶间小舟穿梭，画舫荡漾。漫步湖畔，细柳如丝、枝繁叶茂，其间点缀着各色亭台楼阁，长廊水榭玲珑巧置，晴空下的远山近水仿若融为一体，犹如一幅巨大的天然画卷，在眼前徐徐展开，景随步移而变换，令人应接不暇。

大明湖的景色浑朴天然，一年四季美景纷呈，各具特色。春天，微风拂面，柳丝轻摇，碧波荡漾；夏日，湖中满目碧绿，红莲白莲交相辉映，岸边绿树成荫；秋日，天高云淡，清爽宜人，湖中芦花飞舞，水鸟翩然；冬天，冰雪覆盖，万籁俱寂，虽有些单调，却别具北国风光，另有一番妩媚动人的风情。

美丽的大明湖不仅有着优美的自然风光，岸边还分布着众多的亭台楼阁，如历下亭、湖心亭、遐园等，还有错落有致的长廊水榭，虽是在北方，可是这里却到处弥漫着浓浓的江南水乡风情。这些具有悠久历史的建筑为大明湖更增添了许多文化色彩。

遐园整个布局设计是按照藏书楼天一阁的模式建造，内部以假山为屏障，引入溪水使之围绕整个院落，并且遍植绿树，使园内一派盎然生机，建成之后的园林秀美而清雅，藏书量几乎可以与天一阁相比较，故而有“南阁北园”之称。遐园内的假山十分突出，参天的古树与嶙峋的怪石及花草相映成趣，与园中的亭、台、楼、阁一起组成了清幽的环境，被誉为“济南第一标准庭院”。

历下亭坐落在大明湖中心的小岛上，因为小岛位于历山下故而取名为历下亭。随风摇曳的杨柳和碧绿的湖水把历下亭围绕其间，飞翘的檐角、朱红色的柱子和青色瓦片使这座亭子典雅中透着庄重的意味。杜甫曾经和当时的北海太守李邕一起在这里饮酒赋诗，写下了“海右此亭古，济南名士多”的诗句，从而使历下亭名扬四海。在历史变迁中，历下亭也曾几度遭到焚毁，之后又被重建，如今的历下亭带有浓郁的明清时期的风格，亭子内部的墙壁上至今还悬挂有杜甫、李邕以及济南历代名人的画像。当代著名文学家郭沫若也曾在此写下“杨柳春风万方极乐，芙蕖秋月一片大明”的对联。

大明湖，这颗齐鲁大地上的耀眼明珠，文人为其折腰，诗人为其歌颂，游人为其沉醉，摄影爱好者在它面前不断地按下快门，留下对它永久的记忆。

摄影小贴士

地理位置：山东省济南市中心偏东北处、旧城区北部

最佳时节：6～8月

最佳美景：湖水、倒影、历下亭、荷塘、遐园

拍摄建议：大明湖春夏秋季的白鹭展翅、荷花绽放，晴天的日出日落，清晨的佛山倒影都是值得拍摄的佳景。

历下亭因南临历山而得名，古时历城八景之一的“历下秋风”便是指此处之景。

大明湖的水澄澈晶莹，秀美动人。

然乌湖 西天瑶池

狭长的然乌湖位于西藏昌都地区八宿县境内西南角，是由于山体滑坡或泥石流堵塞河道而形成的堰塞湖。静、蓝是然乌湖最大的特点，就像是天空滑落的一滴眼泪，令人怜惜又视若珍宝。独特的地理位置、自然环境造就了然乌湖独特的美，被誉为“西天瑶池”，也使其成为旅游和摄影爱好者最喜欢的地方。

在经过川藏公路的时候总是可以看见它安静地依偎在那里，四周围绕着茂密的森林、丰沛的草地，风景美丽如画。但是任谁都不会想到，如此美丽的湖泊却有一个不是那么美丽的传说。相传湖中以前有一头水牛，而岸边有一头黄牛。一天，两头牛不知为何发生了争斗，它们互相对比较量，但是最后都因为伤势严重而死了，它们死后就变成了两座大山，而中间的湖泊就是然乌湖，因此，然乌湖也被称为“尸体堆积在一起的湖”。

然乌湖的湖水澄澈纯净，好像天空掉落的湛蓝的眼泪，散发着莹莹光辉，令人倍感怜惜，在当地人心中然乌湖就是一位圣洁的“女神”。周围的雪山是然乌湖湖水的主要来源，当阳光照射大地，气温回升的时候，雪山上的雪便开始融化，汇入湖中，保证了然乌湖充足的水源，湖的另一半向西倾泻，汇入帕隆藏布江，这是雅鲁藏布江的重要支流之一。

高大壮观的拉古冰川位于然乌湖的北面，它也是然乌湖的水源。这被称为是阿尔卑斯山的雪峰、冰川和九寨沟的溪水结合的地方，有着冰雪王国的妖娆风姿，也有着水的天堂的灵动纯净。然乌湖的美丽，不仅仅只在一湖之美，更在于以它为中心的众多美景。明镜般的湖面倒映着蓝天白云和四周之景，更给群山环绕之中的然乌湖增添了些许的妩媚。洁净的然乌湖水滋养了周围大片的土地。近湖坡地青葱翠绿的松柏、湖边碧绿盈盈的草甸、独特而美丽的民居以及湖畔悠闲晒着太阳的成群的牛羊，还有那一片一片生长着的青稞、油菜，都为这纯洁之乡增添了许多的生活气息，入目皆是如画般的美景。

距离然乌湖不远的地方，有一座名为瓦村的村子。村子里有很多藏东南一带典型的木屋建筑，就连屋顶铺的都是不加修饰的原木，具有浓厚的自然气息。每当晨昏时分，阳光斜照在具有浓郁藏南风情的黑亮屋顶上，折射出莹莹光亮，朴实而独特的风景使这里成为了然乌湖一道靓丽的风景线。

夕阳斜下，归家的牧民留下了长长的背影，成群的牛羊圈进了栅栏，木屋升起了袅袅炊烟，家家亮起了暖人的灯火，宁静安详的村庄让人感到至善的淳朴与温馨。这里俨然一个陶渊明笔下的世外桃源，真实而又动人。

摄影小贴士

地理位置：昌都地区八宿县境内西南

最佳时节：深秋

最佳美景：雪山、草原、湖水、村庄

拍摄建议：然乌湖早晚的景色很漂亮，全景拍摄可在然察公路大桥或镇外的山坡上；最好提前一个多小时拍摄黄昏时分的雪山夕照。

如蓝宝石般明净璀璨的然乌湖

然乌湖滋养出的充满乡土气息的田园风光。

九寨沟 人间仙境

“黄山归来不看山，九寨归来不看水”，九寨沟是水的世界，清纯洁净、晶莹剔透、五彩缤纷、如梦似幻。高低错落的群瀑、不可胜数的海子、灵动的溪流、五彩斑斓的湖水……一个自然纯净、不染纤尘的水世界，宛如人间仙境、世上瑶池，是摄影爱好者的天堂。

坐落在四川省境内的九寨沟不仅有着美丽的自然风景，还有着浓郁的藏族风情，这里有苍翠的海子、多彩的林木、重重叠叠的瀑布和圣洁的雪峰，也有荷叶寨、树正寨等独具特色的九个寨子，九寨沟的名字就是从这里来的。

对于九寨沟来说，水就是它的灵魂。这里分布着上百个海子，这些海子其实就是深涧中的湖泊，低头探看，水底的一切清晰可见，原本碧蓝的颜色随着阳光和季节的不同变化出不同的颜色，就好像一幅色彩明丽的油画，呈现出不同的水韵。

水是九寨沟的灵魂，有着“九寨归来不看水”的美誉。

在九寨沟的所有海子中，色彩最富于变化的一定是五花海，五花海素来被称为“九寨一绝”“九寨精华”。登高俯瞰，那清澈的湖水闪现着宝石蓝般的颜色，俨然是一只羽毛丰满的开屏孔雀，晶亮中透着莹莹的绿色。周围山坡上林木茂盛，郁郁葱葱，影映湖底，碧幽青翠。若是入秋以后，山坡上一片绚烂，色彩缤纷，湖水的色彩也随之而变，斑驳迷离。清澈透底的湖水中水草繁盛、茂密如毯，水底的石头相互交错，那些干枯的树干或者树枝落在水里，有的竖着，有的倾斜着，姿态各异，具有分明的层次感。

长海作为九寨沟中面积最大的海子，不仅有宽广的水面，还有美丽的曲线。长海面积广阔，没有出口，水量大，但夏季时水不满溢，冬季水不干涸，被称为“装不满、漏不干的宝葫芦”。长海的颜色好像是一层层的蓝色堆叠起来的，故而尤为深邃。两边是连绵的青山，对面还有积雪不化的雪峰，异常的圣洁美丽。长海一年四季景色迷人，春季百花映红，夏日草木茵茵，秋季枦枫斑斓，冬日琼花玉树，叹为观止。“独臂老人柏”以坚定的姿态守护着长海，在人们看来它就是长海的守护者。

熊猫海子的水异常清澈透明，四周耸立的山峰、青葱的绿树和晴朗的天空、飘浮的白云倒映在水中，这是大自然最真实的画作。这里因为经常有熊猫出没，故而被称为熊猫海。冬天时节的熊猫海子就好像一块晶莹剔透的美玉，纯洁无瑕。

九寨沟的水并不全是静若处子，有时也会动如惊雷。数不清的瀑布群沿着河谷奔流而下，如水银泻地，令人心醉不已。

摄影小贴士

地理位置： 四川省阿坝藏族羌族自治州九寨沟县漳扎镇境内

最佳时节： 9 ~ 10 月

最佳美景： 五花海、长海、熊猫海子、珍珠滩瀑布等

拍摄建议： 九寨沟最佳摄影时间在 10 月中下旬，夏日的浓绿与冬日的银白也是不可多得的佳景。拍摄时镜头以广角为主，要注意反光问题。

五花海被誉为“九寨沟一绝”和“九寨精华”，湖水色彩丰富，姿态万千。

秋日的九寨沟，碧水幽深。火红的枫叶、金黄的秋叶在青山中夹杂，构成一幅绚烂的图画。

诺日朗瀑布是我国最宽的瀑布，也是我国著名的钙化瀑布之一。

在藏族的话中“诺日朗”有伟岸高大的意思，诺日朗瀑布也像它的名字一样雄伟。诺日朗瀑布以270米的宽度和24.5米的高度成为九寨沟瀑布群中最壮观的一个，同时也因此成为我国最宽的瀑布。滔滔水流奔腾而来、凌空直下，如白练横空、银河飞泻，隆隆水声震颤山谷。站在瀑布前面的观景台上，水汽蒙蒙、玉珠飞溅，若是遇见晴朗的天气，还可以见到彩虹高挂在山谷的美丽景色，瀑布也因此更加迷人。

珍珠滩瀑布有一个美丽动人的名字，这里的水流就好像它的名字一样莹润白皙，引人注目，但它呈现出来的气势却是九寨沟瀑布中最猛烈、惊人的，直泻而下的水撞击在谷底，溅起朵朵浪花，在阳光下闪烁着晶莹的光芒。上端的滩面较为平坦，游人可以在上面行走，86版《西游记》的片头中，唐僧师徒牵马涉水的场景就是在此地拍摄的。因为流水是高山冰雪融化而成，水温很低，所以即使在盛夏，漫步在珍珠滩上，亦会觉得阵阵寒气扑面而来，浸入骨髓，令人胆寒。

畅游九寨沟，如梦似幻，环顾周围，无一不是美景。漫步沟中，青翠林木如影随形，碧幽溪水为你带路，绚丽的景色犹如绝世画卷。万语与千言，不能描绘其一半。

九寨沟南部的山脉巍峨高耸，海拔4500米以上，峰顶终年积雪，图为航拍的雪山景色。

抚仙湖 琉璃万顷

抚仙湖位于云南省玉溪市，作为我国最大的深水型湖泊，抚仙湖的北部湖水不但宽而且幽深，南部的湖水则浅而窄，而且两端较大，中间较小，整个湖泊看起来像极了一个倒置的葫芦。抚仙湖似乎把云南的美丽都集中在了自己身上，澄澈秀美的湖水使它享有“琉璃万顷”的美称，希望用相机能永久地留下它的倩影。

据传抚仙湖东南岸有群山，沟壑嶙峋，颇为壮观，山中有石、肖两位神仙，他们相互手搭着肩膀站立在小舟之上遥望远山之景。眼前秀美的水光山色顿时吸引了二仙的目光，使他们忘记返回天庭了，时日渐久，二仙便化作了山间巨石，屹立在湖的东南边。在这里乘舟游览，可以见到仙人留下的足迹，故而这里取名为抚仙湖。还有另外一种说法是，湖的西面有一拔地而起的山峰，形状酷似竹笋，直冲云天。远远观望，又如同一位手抚碧水、姿态飘逸的仙人临湖而立，故而得名抚仙湖。无论哪种说法，抚仙湖的由来都与仙人有着不可分割的联系，抚仙湖的美景也由此可见一斑。

秋季的抚仙湖更加静美，枯黄的草木与湛蓝的湖水色彩分明。

摄影小贴士

地理位置： 云南省玉溪市澄江县

最佳时节： 3～9月

最佳美景： 抚仙湖、孤山

拍摄建议： 夕阳下的抚仙湖湖面有着震人心弦的美；登上笔架山，四周美景尽收眼底。

“澄江色似碧醍醐，万顷烟波际绿芜。只少楼台相掩映，天然图画胜西湖。”与西湖的烟雨之美不同，抚仙湖以清盈、透彻的湖水取胜。蓝绿色的湖水在清风中掀起滚滚白色巨浪，由远及近，如朵朵莲花，又如光芒闪烁的银色链条，显现出动人的姿态，无论风浪多大，湖底的泥沙也不会泛起浑浊。古代著名的旅行家徐霞客在书中也曾赞美抚仙湖的清澈：“滇山唯多土，故多勇流成海，而流多浑浊，唯抚仙湖最清。”时至今日，抚仙湖仍然清澈如昔，如明珠般绽放在云南大地上。

抚仙湖靠近澄江县的一侧，三面群山环绕，另一面与澄江坝子相衔接，山水交相辉映，景色秀丽怡人，胜景更是数不胜数，自古以来就是引得无数风流雅士竞相游览的胜地佳境。

孤山是抚仙湖中唯一的岛屿，原名瀛海山，呈椭圆形，面积约半平方千米。孤山成于宋，盛于明，当时的名人学士多游于此，并捐钱银兴建殿宇楼阁，于是便有了飞檐细雕的建筑群。这里曾建有八殿、五阁、三厅、一堂、一庵、一铜塔，有“百里湖光小洞庭”“迤东胜景”的美誉。孤山岛为当时澄县胜景，吸引了无数文人墨客、风流雅士登临游览，成为“文人骚客停留者不可胜纪”的地方。明代著名学者杨慎游孤山，曾留下“孤山一点横烟小，何羡霞标挂赤诚”的诗句。每年的农历六月初六，当地百姓还会在此举行庙会，并将自制的彩色米花圈投入湖中，引来鱼群争相抢食，长久以来便形成了孤山独有的“青鱼奇观”。

抚仙湖，这一处人杰地灵的滇中仙境，碧水青山凝聚着无穷的魅力，荡漾的湖波诉说着动人的传说，微凉的湖风带来优雅的诗情，晶莹的水珠渗透着满满的画意。抚仙湖，一个让人不虚此行的美丽地方。

湖畔浅水处生长着一丛丛随风摇曳的芦苇丛，茂密繁盛。

雅鲁藏布大峡谷 奇绝的秘境

在巍巍的青藏高原上，孕育出了两个世界之最——最高的山峰珠穆朗玛峰和最深的峡谷雅鲁藏布大峡谷。它们同根同源、比邻而居，但最高与最深的近万米的地形反差，构成了堪称世界第一的壮丽奇观。峡谷内地势险峻、环境恶劣，许多地方至今仍无人能窥其面貌，堪称“地球上最后的秘境”。

“雅鲁藏布”在藏语中是“从最高山峰上流下来的水”的意思，江水从青藏高原奔腾而下，气势磅礴，犹如九天银河悬挂。咆哮汹涌的江水摧枯拉朽一般冲开前进路上的重重阻挡，直奔大海，于是就形成了这个星球上最深、最壮丽的大峡谷。

摄影小贴士

地理位置：西藏自治区林芝市

最佳时节：6～10月

最佳美景：雅鲁藏布江大转弯、雅鲁藏布大峡谷、南迦巴瓦峰、派镇村落

拍摄建议：遒劲茁壮的千年大桑树、三四月份原野上盛开的桃花，都是不可错过的胜景，直白村是拍摄南迦巴瓦雪山的最佳地带，观景台上拍到的峡谷转弯蜿蜒壮美。

雅鲁藏布江不仅有险峻的峡谷、汹涌的江水，也有着秀丽的自然风光。

雅鲁藏布大峡谷起点。

雄奇壮丽的大峡谷来到雅鲁藏布江的下游，突然，一个180°的急速大转弯，远远望去就像一个巨型的马蹄，是必拍的一处奇景。整个峡谷长达504.6千米，平均海拔在3000米以上，最深处为6009米，不论长度还是深度，都远远超过了世界排名第二的克利根德格大峡谷（最深处4403米），其他国家的大峡谷更是不能与之相提并论。雅鲁藏布大峡谷不仅是世界最深，也是世界上最长的大峡谷，“世界第一”当之无愧。

大峡谷怀抱喜马拉雅山东端的最高峰——南迦巴瓦峰，在崇山峻岭之中开辟了一条通往印度洋的蜿蜒大道，温润的水汽登上雪域高原，带来了丰富的雨水，孕育了雅鲁藏布江地域优美的景色。

峡谷、激流、雪山、冰川、林海……环顾大峡谷四周，风景旖旎，可以用“深、险、幽、秀”来概括。峡谷两侧高山耸立、群峰竞艳、巍峨挺拔、直入云端。而在山峰之下，被水流切割的峡谷平均深度达5000米以上，高低落差悬殊，更突显峡谷的深邃。两岸山峰壁立，山石嶙峋，至今无人能够徒步穿越峡谷，加之水流湍急，其险恶程度远甚其他峡谷。峡谷的深险让人们望而却步，但这也保存了峡谷的静幽之美，江流滚滚、云遮雾罩，愈加幽静。

峡谷悠长，高低悬殊，从河谷的热带雨林到高山冰雪，几乎拥有最齐全、最完整的自然景观，堪称世界之最。俊山、秀水、仙雾、绿树、碧草……大峡谷拥有的所有景象在江水咆哮、云雾蒸腾中显得那么神秘、俊秀。从千年冰封的雪峰到涓涓细流、汹涌澎湃的江水，水在这一过程中出神入化、变化多端。作为世界上最深的大峡谷，其深度让人叹为观止，惊奇于大自然的无边伟力。奔流而去的江水蔚为壮观，以平均16米/秒的流速横冲直撞，声若惊雷，展现着大峡谷的力度之美。

雅鲁藏布大峡谷入口处是远离尘嚣的派镇村落，这里住着热情淳朴而又古老的门巴族人，来到这里如同来到了人间桃花源，一个梦幻般的世界。春天，桃花盛开、花香四溢，随风而起的花瓣漫天飞舞，一片花的海洋。秋天，一个收获的季节，树上硕果累累，田野里满目金黄，山脚下的层林更是五彩缤纷，浓郁的秋色给派镇画出了绝美的风景。

雅鲁藏布江大峡谷以其惊天魄力成就世界之最，以广阔胸襟包容各色绮丽，以超越尘世的洒脱伫立在离天最近的地方，亘古不变。

黄果树瀑布 华夏第一瀑

黄果树瀑布位于贵州北盘江支流的白水河，是由河床受侵蚀断裂而成。瀑布以气势宏大而著称，77 米的巨大落差，101 米的水流宽度，还没有走近便可以听见瀑布声犹如轰鸣、响彻云霄，好像千军万马过境。

摄影小贴士

地理位置：贵州省安顺市镇宁县

最佳时节：6 ~ 10 月

最佳美景：瀑布、彩虹、水帘洞、天星桥、神龙洞

拍摄建议：夏季，黄果树瀑布雨水充沛，声势浩大，是拍摄瀑布的好时节；水帘洞是拍摄瀑布壮美景观的另一个好去处。

“万练飞空，溪上石如莲叶下覆……水由叶上漫顶而下，如鲛绡万幅……捣珠崩玉，飞沫反涌，如烟雾腾空，势甚雄厉；所谓‘珠帘钩不卷，飞练挂遥峰’，俱不足以拟其壮也。”300多年前，著名的明代旅行家徐霞客如此描述雄伟壮观的黄果树瀑布，“高峻数倍者有之，而从无此阔而大者”。

雨后天晴的黄果树瀑布景色是最美丽的。此时，薄薄的云雾笼罩着，瀑布在水汽间缥缈，影影绰绰，偶尔有绚烂的彩虹悬挂两端，犹如一座架起的七彩飞桥。瀑布两侧绿树茵茵，随意轻摇，底端的水潭清澈见底，水面流光波动，长满青苔的石头好似在水底摇曳起来。若是没有瀑布轰隆隆的撞击声，完全就是一派湖光山色。

季节的变化也会引起瀑布的变化，当雨水少的时候，瀑布的水量会随之减少，而当夏季雨水增多的时候，瀑布水量也会随之增加，惊天动地的气势令人十分震惊。飞溅起的水流好似挥舞的白纱，曼妙无比，冲天而落的水滴宛若天女撒下的玉珠。若是站得近些，水珠落在脸上，还有些疼。若把夏季的瀑布看作是激昂无比的交响曲，那么冬日里的瀑布就是一曲安静的小提琴独奏。因水量减少，几缕轻轻下泻的水流显得妩媚无比，清脆的水声就像大自然的安眠曲，抚慰冬日里陷入沉睡的生灵。

还记得《西游记》中孙悟空的水帘洞吗？那个景观就是在这里拍摄的。水帘洞在黄果树瀑布山腰大概 45 米的地方，洞长 134 米。走进其中，你会发现里面有 6 个洞窗和 5 个洞厅，还有 3 个洞泉，另外还有 2 个瀑布。穿行在洞中，透过洞窗向外观看大瀑布，有着另一番景致。瀑布水流急速而下，云雾翻滚、水雾迷离，左侧悬崖峭壁，古木森森，右侧山石林立、花草似锦，正下方潭滩相连、水流相接。“水帘洞观日落”也是这里不可错

站在高处可以俯拍到黄果树瀑布的全景。

黄果树瀑布附近汇集了数十个瀑布，玲珑秀美、面呈伞状的天星桥瀑布便是其中之一。

过的景点，站在此处远眺，犀牛潭里云雾升腾、彩虹悬挂、人移影动、变幻莫测，也有“雪映川霞”的美誉。

与声势浩大的瀑布不同，天星桥的美则充满了灵秀之气。天星桥在瀑布的下游，这里一共分为天星盆、天星洞和水上石林三个部分，怪石、秀水和葱绿的林木、奇特的石洞是这里最美的景观。“风刀水剑刻就万顷盆景，根笔藤墨绘制千古绝画”准确地描述了景区的神韵。在这里处处皆有灵性，“有水皆成瀑，是石总盘根”，清澈如徐的溪水、盘绕纵横的树根，还有润滑无比的石头交错融汇，仿佛一幅根笔藤墨绘就的千古绝画。

黄果树瀑布附近汇集了众多的瀑布，在这些瀑布群中，除了大瀑布与天星桥瀑布，还有众多各具特色、形态迥异的瀑布。诸如潭面最为宽广的螺丝潭瀑布，形态美丽动人的银链坠潭瀑布，落差最巨大的滴水潭瀑布等，处处都是可用相机留下的美景。

在黄果树瀑布的上游，隐藏着一个古老而神秘的溶洞，那就是备受当地布依族崇拜的黄果树神龙洞。在这里流传着一个关于神龙洞的美丽传说。相传在千年以前，这里贪官污吏横行，苛捐杂税繁重，民不聊生，人民爆发了起义，最终因力量悬殊起义以失败告终，遭到堵截的起义军只能往洞的更深处寻找出路，后发现一尊达摩佛像，便向其祈祷，就在此时突然地动山摇、巨石坠落，洞外的官兵皆葬身于此，起义军也得以逃出。从此以后，当地人便都会到此膜拜，并祈福许愿。神龙洞内溶洞丝丝相连、环环相扣、幽暗深邃、怪石林立、道路曲折，溶岩景观比比皆是，巧夺天工，能工巧匠雕琢的美丽风景，更是精美绝伦。

行走在黄果树，犹如绸缎般的瀑布飞泻而下，从远处眺望，就如一幅浑然天成的山水画，宏伟壮观的气势令人沉醉不已。

神秘幽静、怪石林立、扑朔迷离的神龙洞。

德天瀑布 归春河的一颗明珠

德天瀑布位于中越边境处，横跨中越两国，是亚洲第一大跨国瀑布。它起源于广西靖西县的归春河，归春河在两国之间的丛林间迂回穿梭，进入越南后又流回广西，河水分分合合、缓急相交，经过德天村处的断崖跌落而成瀑布，成为一处雄壮的奇观。瀑布宽 120 米，落差 70 米，三级跌落，水势浩大、涛声震天、气势磅礴、蔚为壮观。

归春河碧波澄澈，如同大山里最淳朴的姑娘，既温婉又和善，在中国西南的大地上静静流淌。或许是沉积得太久，在流经硕龙这个边陲小镇时最终爆发出了所有的力量。在浦汤岛这个地方，浩浩汤汤的归春河水奔涌而来，在那层层相叠的高崖处跌宕而下，银瀑飞泻，如同一幅幅倒挂的银幕，十分壮观；撞击在坚固的岩石上，水花四溅，在阳光的照射下五彩缤纷、绚烂耀眼，恍若人间仙境；飞流而下的瀑布声势浩大，数千米外皆可闻，滔滔水声在山间回荡，如雷如鼓，阵阵不绝，震撼人心。幸运时，还可以看到美丽的彩虹，犹如横跨德天瀑布的彩桥，为这壮丽的景观增添了几分妖娆妩媚。

夕阳下的德天瀑布，烟雾缭绕、水气弥漫，银白的瀑布也被染上了一层橘红色，绚丽夺目。

德天瀑布的水常年不枯，但一年四季却有不同，周围的景色也随之变化，多姿多彩。春季是万物复苏的季节，青葱的树木恢复生机，盛开的木棉在周围零星地点缀，红艳艳的花朵与银白的瀑布相融合，别有一番韵味。夏季的德天瀑布最凶猛，暴涨的河水奔腾而来，以排山倒海之势飞泻而下，其力量之大，其气势之强，其声势之浩大，令人震颤。秋高气爽之时，它那暴躁的脾气也有所收敛，清澈的河水静静流过，被渲染上一层金黄的秋景，愈加美丽，远远看去，好似一幅静美的彩色画卷。冬天的河水有所减少，再不复往日的气势，涓涓细流，悠然而下，给人一种轻柔和缓之感。

德天瀑布最迷人的地方便是它的变幻多姿。一天之中，随着时间的变化，阳光强弱的不同，它会穿上不同的服装，展现出不同的面孔，让人们可以尽情领略它那多面的风情。清晨，水雾弥漫的山间，朦朦胧胧，若隐若现的山崖瀑布，有一种绰约的风姿，太阳跳出云霞的那一刻，云雾消散、彩虹突现，美不胜收。中午时分，艳阳高照，奔啸的瀑布清晰可见，气势磅礴。黄昏之际的德天瀑布，似缟绢垂天的银瀑，染上一层橘红的晚霞，美得让人无法言语。

瀑布下的深潭，碧幽澄澈，各种鱼儿在这里欢快地游荡，水面上经常可见渔民在轻舟上撒网捕鱼，当渔民捞起满网的鱼儿脸上露出满足的笑容时，可拿起相机捕捉这难得的美景。瀑布周围的群山上，是一片片绿油油的梯田，养育着这一方的人民。旁边的民居中升起了袅袅青烟，荷锄而归的人们脸上洋溢着幸福的笑容。河边的水车依旧在不停地转动，为这田园的美景增添了丝丝古韵。

德天瀑布，有着气吞山河的气势，也有着平静舒缓的温婉，有着恬淡闲适的田园风光，也有着宁静抒情的南国风情，真不愧为“中国最美丽的瀑布”。

摄影小贴士

地理位置： 广西壮族自治区崇左市大新县

最佳时节： 夏季

最佳美景： 德天瀑布、梯田、渔民捕鱼

拍摄建议： 夏季是拍摄瀑布的最佳时间，雨水丰盈，声势浩大；秋天德天瀑布周围层林尽染，风景很美；梯田也适合在秋季拍摄。

瀑布下的深潭中，几艘游船渐渐划向它的脚下，去欣赏它那磅礴的气势、浩大的壮景。

德天瀑布周围的群山上，层层梯田整齐有序地排列。

第二章

无比震撼的自然伟力

黄山 天下奇峰

瑰丽壮观的黄山日出。

人们常说“五岳归来不看山，黄山归来不看岳”，明朝旅行家徐霞客面对黄山的美景时曾赞叹，“薄海内外之名山，无如徽之黄山”，而在散发着悠悠墨香的唐诗宋词中，文人墨客们用尽华丽的词语来表达对黄山的赞誉，“丹崖夹石柱，菡萏金芙蓉”“三十六峰高插天，瑶台琼宇贮神仙”……那么，这一座坐落于安徽省南部黄山市境内，因岩黑壁青，色彩浓重而名黟山的名山，到底拥有怎样的景色能够让千百年来的人们对其如此钟情，让泱泱中华的四大名山在它面前黯然失色？

有人说：“泰山雄伟，华山险峻，峨眉如女子一般秀丽。”那么，超越众山之山的黄山是怎样的呢？清人赵士吉曰：“黄山

之奇，信在诸峰；诸峰之奇，信在松石；松石之奇，信在拙古；云雾之奇，信在云海。”黄山，汇集了人们对山的所有想象，巍峨、俊秀、雄奇、妩媚……黄山的美是经过大自然精雕细刻而成的，八亿年的地质历史使这里拥有了许多奇特的景观，如冰川遗迹、泉潭溪瀑、峰林地貌等。

黄山的美在你还没踏上山路就已经开始了，黄山与徽州是一体的，那里汇集了徽派文化的精髓，绩溪、棠樾、婺源等无一不诠释着徽派深厚的文化底蕴。白墙黛瓦、小桥流水、静谧的田园、远方的苍茫黄山，让你在领略大自然的鬼斧神工之前，亲身感受一番历史的人文积淀。

独特的自然风貌孕育了峰林景观，黄山有山峰七十二座，素有“三十六大峰，三十六小峰”之称。若是在高空俯瞰，瑰丽的莲花峰、平阔的光明顶、险要的天都峰，呈三足鼎立之势，姿态百千的小山峰环绕周围。莲花峰是最高主峰，海拔 1864.8 米，

巍然屹立的黄山山峰直插云霄，蔚为壮观。

摄影小贴士

地理位置：安徽省黄山市

最佳时节：四季皆宜

最佳美景：奇松、怪石、云海、冬雪

拍摄建议：每年的 11 月至次年 5 月，是黄山云海观赏佳季；雨雪后天晴的日出日落形成的“彩色云海”，更为壮观；冬季的雪景和雾凇，拍出来更美。

黄山狮子峰顶有一奇石，形如猴子坐看起伏变幻的云海，被称为“猴子观海”。

迎客松在玉屏楼左侧、文殊洞之上，树龄在 1000 年左右，知名度最高。

翻涌滚动的云海是黄山“四绝”之一，变幻莫测、蔚为壮观。

形如莲花瓣，朵朵花瓣层层环抱，宛若一朵怒放的莲花。峰顶平旷，峰壁多处有石刻，如“天海奇瀛”“壁峭摩天”等。在山顶眺望，山脉起伏，云海苍茫，“一览众山小”。光明顶的山顶十分开阔，日照时间也因此变长，光明顶之名便由此而来。山体峭然傲立、形如覆钵、视野开阔、云潮海涌、长空一色，是看日出、观云海的最佳去处。天都峰意为“天上的都会”，被认为是黄山诸峰中的最尊者。昂首仰视，峰壁峭石横空突起，蜿蜒起伏的栈道犹如一条长蛇攀岩而上，时显时不显的天都峰愈加高不可攀。山间奇峰怪石林立，仙人指路、猴子观海、老僧采药、飞来石等形态各异的石头更增添黄山的奇峻。

黄山有三大名松，分别为“迎客松”“陪客松”“送客松”。迎客松是黄山的标志和象征，是黄山“四绝”之一，它好像一位伸展手臂、热情好客的主人在欢迎四面八方的游客。破石而出的迎客松，枝干十分强劲有力，即使经过风霜的侵蚀，依然显示出郁郁葱葱的生机。古松雍容华贵的姿态，如同一个绿色的巨人站在那儿，和游人一起观看日升日落、云卷云舒。

有山自然有水，黄山的水充满着灵性。温泉是黄山的“四绝”之一，又被誉为“灵泉”。温热清澈的泉水在紫云峰下喷涌而出，可饮可浴，传说轩辕黄帝就是在此处沐浴后羽化升仙的。除了温泉之外，黄山尚有三大名瀑：人字瀑、百丈瀑和九龙瀑。人字瀑因清泉分左右悬壁下泻，如“人”字形，故而得名。百丈瀑从清潭和紫云峰之间陡峭的悬崖上倾泻而下，由此而成。若说黄山中最为壮丽的瀑布，那定是九龙瀑。古人曾赞曰：“飞泉不让匡庐瀑，峭壁撑天挂九龙”。其汇集多个山峰的水源，从近百米的断崖分九层倾泻而下，蔚为壮观，每层有一潭水，故称九龙潭。

但凡有名的高山，都有雄壮瑰丽的云海。黄山的云海以美、胜、奇、幻而闻名，被誉为“云雾之乡”，云海翻滚涌动，很是瑰丽壮观。黄山一年之中有云雾的天气达 200 多天，山谷中水汽升腾、汇集，就形成了云海。云来雾去，时而平静如毯，时而狂涌如潮，变幻莫测，站在山峰的高处犹如置身于云端。

黄山的云海有东海、南海、西海、北海和天海五大区域，景色各有不同。黄山的云海一年四季都可观赏，尤其以冬季为最佳，这时云雾厚重，涌动的云海如波涛汹涌，劈山削石般流动在山峰之间。

在黄山，大自然的鬼斧神工将险峻的山峰、奇异的石头和清澈的泉水融合在一起，实现了刚与柔、实与虚的完美结合，构造出了一座独领风骚、天然合一的奇山，一座“黄山归来不看岳”的名山，吸引着游人与摄影爱好者们纷至沓来。

泰山 五岳独尊

"会当凌绝顶，一览众山小。"巍巍泰山高耸于齐鲁平原之上，向东可观浩渺的大海，向西可看奔腾的黄河，前望曲阜、背靠济南，磅礴之姿尽显王者之风，真不愧为"五岳之首"。

一直以来，人们都对泰山充满敬畏和向往，怀着对泰山的期待不惜千里直奔而来。千百年来，无数的文人墨客纷至沓来，瞻仰这座高山的壮丽与伟岸。站在山顶遥望，山脉奔腾起伏，若隐若现，孔子说，"登泰山而小天下"，司马迁感慨，"人固有一死，或重于泰山，或轻于鸿毛"，诗圣杜甫由衷感叹，"会当凌绝顶，一览众山小"。作为五岳之首，泰山几乎是历朝历代天之骄子的专属之地，每个封建帝王无不以泰山封禅作为对自身成就

泰山石刻源远流长、数量众多，书法艺术几乎囊括了我国的整个书法史，居我国名山之首。

壮美的泰山日出。

的认可。然而，两千多年漫长的历史中却仅仅只有文治武功极高的帝王获得这样的尊贵资格。

文人墨客的驻足吟诵，帝王将相的祭祀诉功赋予了泰山深厚的文化底蕴。在这里，大自然的鬼斧神工与数千年精神文化的渗透渲染相互映衬、相互彰益，形成了完美的结合，几乎成为中华民族精神中最伟大而又最庄重的象征。

传说，昔日盘古开天辟地之后，其身体各部化为中华大地之山川，其中头部变成了泰山，故而泰山被称为“天下第一山”，为五岳之首。其实，泰山位于我国东部，而东方被誉为生命和希望的象征，先民们把雄伟的泰山视为神灵。于是，泰山便成了“万物孕育之所”的“吉祥之山”，而封建统治者更是把泰山作为国家权力的象征，于是就有了答谢上天“授命”之恩的封禅大典，泰山的地位由此变得更加崇高。

泰山不仅有着独尊于五岳的历史文化底蕴，还有着不胜枚举的风景名胜，是我国山水名胜的集大成者。泰山风景雄奇壮丽，层峦叠翠、凌空高耸的山势，庞大雄壮的形体，巍峨凸起的苍松巨石更增添山体的厚重。云雾在山峰间如清泉流淌，使泰山在现实与虚幻、雄伟与清雅间转换。泰山主要的风景名胜有近百处，清澈冷冽的五盘池、苍劲葱茏的古树、犹如登云梯的十八盘，还有众多的文物古迹，如岱庙、碧霞祠、红门宫、南天门等。

“泰山观日出”，泰山的日出尤其的美，也是游人登泰山所向往的，更是摄影者必拍的壮景。日出之时，冲破云雾的第一缕曙光犹如锋利的戈矛刺破厚重的黑幕，沸腾的云海像听到号角的

碧霞祠始建于北宋初年，是一组规模庞大的建筑群。

战士与黑暗展开激烈的战斗。当天空开辟出一片洁净的云海，日轮终于撩开那层薄薄的纱帐，像一个冉冉升起的宫灯腾空而起，喷出万道霞光照亮天际。泰山日出的整个过程宏伟壮观、惊心动魄，就像瞬息万变的万花筒绚丽多姿、神奇无比，仿佛能感受到万物生生不息之美。

说到泰山，就不得不提著名的“泰山十八盘”。泰山的登山盘路充满险峻，其中尤以泰山十八盘最为险要、出名，仅石阶就有近2000阶。十八盘位于对松山以北，夹在两岸高耸的山崖间，旧时被称为云门，如今名为开山，开辟于乾隆末年。开山又被称为“龙门”，前有新盘口，还有陡峭挺立的两座山峰，一线天和南天门都是这里独特的景观。由天门仰望，盘路如水练倒挂，两侧有“层崖空谷”“如登天际”“天门长啸”等雕刻。自古就有3个十八盘之说：自开山至龙门前393级为“慢十八”，中间767级为“不紧不慢又十八”，后至南天门的476级为“紧十八”。在“紧十八”路段有一块巨石悬空，好像侧枕的佛头，笑迎各地游客，故名为迎客佛。

“岱宗夫如何，齐鲁青未了”，泰山又名岱宗，山中建有岱庙。岱庙始建于汉代，是祭祀日月山川和祖先的重要场所，也是泰山信仰的祖庭。岱庙修建历史悠久，历代帝王多次扩建规模，至唐朝时已经很是巍峨辉煌，高耸的殿阁庙宇显示出万千气象，与故宫、曲阜三孔和承德避暑山庄并称为我国四大古建筑群。此外，泰山还有玉皇寺、神宝寺、斗母宫、碧霞祠等诸多建筑，历来被文人墨客以词句吟咏。

这就是泰山，充满着山水之乐，更有着生命内敛的深邃，历经沧海桑田、风云变幻，改变的只是树木枯荣、奇石斑驳、云海渺渺，不变的是人们对它独尊五岳的崇拜。

摄影小贴士

地理位置： 山东省中部，绵亘于泰安、济南、淄博三市之间

最佳时节： 9～11月

最佳美景： 日出、云海、晚霞、松树、石刻

拍摄建议： 泰山日出是一定不可错过的；观云海最好在3～11月；6～8月半晴半雾太阳斜照时，会出现难得一见的佛光；晚霞夕照和黄河金带最好在天高云淡的秋季拍摄。

壮阔如海、奔涌翻腾的云海。

峨眉山 天下一枝独秀

峨眉山自古以来就有“普贤者，佛之长子；峨眉山，山之领袖”之称。其一枝独秀的自然风光、底蕴深厚的佛教文化、独具特色的地质地貌，使它在中国名山之中独领风骚、秀绝天下。

十万里江山如画，一枝独秀属峨眉。风景秀丽的峨眉山如诗如画，总能引来无数诗人骚客的吟诵，丹青高手的绘制，就连诗仙李白都留下过《登峨眉山》这样的绝唱。峨眉山的得名一是来源于其绵延柔畅的山形，远远望去，像极了女子的峨眉，青黛修长，说不出的婉转秀丽，北魏时郦道元《水经注》记载，“去成都千里，然秋日澄清，望见两山相对如峨眉，故称峨眉焉”。二是由于峨眉山植被丰茂、青黛幽静、终年不枯。

峨眉山屹立于四川盆地的西南边缘，位于北纬 30° 附近，是大峨、二峨、三峨、四峨四山的总称。我们通常所说的峨眉山主要是指主峰大峨山。大峨、二峨两山遥相对应，抬头望去，双峰云雾缭绕、缥缈如仙，有着俊秀挺拔、独霸天下的雄伟气势。

在浑厚的云海的映照下，峨眉山的日落非常壮观。

也难怪诗仙会发出“蜀国多仙山，峨眉邈难匹”的赞叹。峨眉山因地理位置及气候原因，常年云铺幽谷、雾掩仙峰。弥漫幽谷山间的云雾，变化万千，时而波涛滚滚，时而平铺如絮，使峨眉山变得愈加婀娜多姿。峨眉山从山脚到山顶四季之景交替，十里天气变幻莫测，忽地云雾缭绕，忽地翻云覆雨，神秘无比。

峨眉山的自然之美让人惊叹于大自然的鬼斧神工，而佛教的兴盛予以峨眉浓厚的宗教文化色彩。古朴沉郁的报国寺坐落于巍峨的峨眉光明山脚下，是峨眉最大的寺庙，是游览峨眉的起点，也担当着守护峨眉的重任。报恩寺始建于明万历年间，初名“会宗堂”，后由康熙帝取佛经“报国主恩”之意，改名报国寺。清晨，报国寺内悠扬的钟声响起，仿佛一颗石子投入到静谧的湖水中，驱散了笼罩峨眉的雾气，打破崎岖山林的宁静，来自各地的游客也开始了新一天的旅程。

报国寺壮观而古朴，有着悠久的历史，游览峨眉山就从这里开始。

拾级而上，栈道曲折蜿蜒，一步一景，皆有洞天。沿途山峦层叠、古木遍野、涧幽谷深、天光一线；不时有飞瀑泻下、水声隆隆；也有小溪潺潺、彩蝶飞舞。如刀削般的两岸山峰对峙耸立、直插云霄，险崖绝壁，直落江底。走过几座蜿蜒曲折的小桥，两岸瀑布震天、绿荫渲染，狭窄的山路随着溪流蜿蜒曲折，别有一番野趣。清音平湖就在幽径的沿途，湖水晶莹剔透、纯净无垢。四周古木葱茏，倒映在湖水中犹如碧玉嵌入，深深浅浅，置身其间，氤氲的水汽涤尽尘世的俗气，大可让人享受一番山水之情，逍遥之乐。

峨眉山是佛教圣地，有着深厚的佛教文化底蕴，图为十面普贤金像，是峨眉山的标志之一。

金殿位于峨眉山金顶，是峨眉山著名的景致。

白雪覆盖下的峨眉，别有一番风情。

穿梭于峨眉山的崇山峻岭中，领略山之险峻、水之动静，若是幸运，游览时还有可能遇见峨眉山的猴子。猴子是这座山中的精灵，灵动活泼的它们极通人性，还会与人嬉戏玩耍，是峨眉山上一道欢乐的风景线。

峨眉山金顶是峨眉山的象征，“金顶祥光”是峨眉山十景之冠。日出之时，站在峨眉山的最高峰，登高远眺，迷蒙的地平线慢慢打开一道缝隙，缕缕红霞刹那间刺透昏黄的天空，天地间波澜壮阔的景象逐渐显现。当圆圆的红日微微升起，仿佛一颗黄宝石镶嵌在天边，朝霞满天，万道金光穿过厚厚的云雾射向大地。伴随着红日的冉冉升起，苍茫的云海翻滚涌动，站在山顶，脚下的云雾如雪白的绒毯一直延伸至天际，无边无涯。仰望天际，仿佛如仙人一般漫步云端，一步千里。每当清风拂过，云海如潮水涌去，一座座山峰显露，像极了云海中隐藏的小岛。

峨眉山因佛而盛，佛因光而兴。神秘的金顶佛光让游人切身感受大自然的奥妙以及对峨眉山的厚爱。当人站在金顶上，阳光从背后照射过来，直至苍茫无涯、浩瀚无际的云海之上，反射过来后经过弥漫的水雾，就会在前下方出现一个巨大的五彩光环，中间会出现自己的身影，且影随人移、互不分离，这就是“佛光”，又被称为“峨眉宝光”。南宋著名诗人范成大在诗中歌曰：“重轮叠影印岩腹，非烟非雾非丹青。我与化中人共住，镜光觌面交相显。”千百年来，正是这充满神秘色彩的佛光赋予了峨眉山独特的魅力。

走遍天下、览尽山川的印度僧人海通和尚去过峨眉山后，曾对它的奇景秀林感叹道：“高于五岳之首，秀甲九州之幽。”天下独秀的峨眉山有着说不完的美景，诉不尽的故事，画不尽的神韵，等待着大家去亲身体验，去发掘它无尽的美。

摄影小贴士

地理位置：四川省乐山市峨眉山市境内

最佳时节：春秋季

最佳美景：云海、日出、佛光、猴子

拍摄建议：峨眉山一年四季都适合拍摄，春天盛开的山花，夏天活泼机灵的猴子，秋天满山的红叶，冬天晴天时的云海、佛光等。

云南石林 山石王国

这是一片石的森林、石的海洋，丛丛簇簇、绵延不绝。置身这一处天造的奇观——石林之中，让人不得不惊叹于大自然的无边伟力和神奇妙想。经过 2 亿多年的地壳运动和风剥雨蚀，这片汪洋大海终于成为今日的多彩石林。石峰、石柱、石屏、石流……数不胜数，一座座、一支支、一丛丛，奇峰罗列、怪石嶙峋，这精彩绝伦的景观，被誉为“天下第一奇观”“石林博物馆”。

摄影小贴士

地理位置：云南省昆明市石林彝族自治县境内

最佳时节：3 ~ 10月

最佳美景：长湖、石林、撒尼族人、莲花峰

拍摄建议：早晚漫天云霞的时候是拍摄石林最佳时间；石林拍摄最佳位置是观景亭、望峰亭。

群峰耸立、千嶂叠翠，漫步在石林，一座又一座拔地而起的石峰绘就了一幅气势磅礴的原始画卷。大石林是石林景区最主要的景观集中地，莲花峰就在其中。石林最美、最高的山峰是莲花峰，最难攀登的同样也是莲花峰。自古以来，莲花都是“清水出芙蓉，天然去雕饰”般的孤静傲洁，耸立在剑锋池之畔的莲花峰一枝独秀，孤芳自赏。峰顶有巨石盘卧、岩角凌翘，宛如一朵盛开的莲花，登顶俯瞰，石峰嶙峋、沟壑纵横，仿佛刀山剑戟林立。在莲花峰下，剑锋池犹如一颗宝石被遗忘在群山之中。池水清澈碧幽，天光云影、四周密如剑丛的山峰倒映，营造了山水融合的绝妙胜境。穿梭在曲折的小径，景色变幻、目不暇接，双鸟渡食、象踞石台、犀牛望月等石景栩栩如生。

与大石林并肩而立的小石林也有形态万千的石峰，但自成一体，有着不一样的景色。这里地势较为平坦，花草树木成茵，草坪周围间或有石屏、石峰壁立一方。在景区内还有两汪碧水，分别是幽池和玉鸟池景。幽池与一组石峰形成了著名的“幽池恋人”的景点；玉鸟池旁耸立着一座高高的石峰，远远望过去，好像一位背着背篓的撒尼少女，这就是美丽而又勇敢的阿诗玛。相传在很久以前，彝族一位贫苦人家的女孩儿阿诗玛与一个叫阿黑的青年相爱了，但是当地一个财主的儿子阿支却抢走了阿诗玛。勇敢的阿黑救走了阿诗玛，在逃亡的路上遇到暴发的山洪，阿诗玛被卷走了。等洪水过去后，阿诗玛化作了一座山峰，直到现在，深情的阿诗玛仍然伫立在那里，期盼着情人的到来……

群峰林立，形如剑锋直刺，丛丛簇簇的石峰让人只能感叹自然的神奇。

在这密密麻麻、如林如海的石林里，除去刚硬狂野的石峰，还有着灵动秀美的水。在长长的石桥西侧，有一个如新月般的湖泊，那就是长湖，隐藏在丛丛的石林里。湖水澄澈透明、平静无波，倒影中巨石的纹理都还清晰可见。长湖周围翠松成林、芳草萋萋，蓝天白云下，一幅优美的山水画卷，吸引着摄影者的眼球。

石林的风光，并不仅仅在于石头。岩石、溶洞、湖泊、瀑布……大自然所能孕育的一切都汇集在这里，构成了一幅壮观秀丽的美景，千奇百怪的造型赋予了这里别样的神韵。当然，一定不能少了多姿多彩的彝族民族风情，鲜艳明丽的民族服饰、热情似火的民族歌舞、粗犷豪迈的摔跤竞技、生动迷人的诗文传说、独具特色的婚丧嫁娶，无不将古老民族的文化特色表现得淋漓尽致。每年的火把节，千万支火把像一颗颗闪烁的星光照亮着石林的夜空，弦舞、斗牛、摔跤……居民们用各种方式庆祝着节日，观者如云，蔚为壮观。

玉鸟池畔形似阿诗玛的石峰。

在这一片仿若神来之笔的奇景之中，那一丛丛、一座座的奇峰怪石仿佛被赋予了生命与灵魂，诉说着阿诗玛动人的故事，谱写着撒尼族人不朽的传奇。

云台山 竹林七贤隐居地

在河南这片中原大地上，遍布着数不尽的风景名胜，道不尽的风流雅韵，说不尽的古人风采，而河南省焦作市修武县的云台山便是其中最著名的一处胜景。从夏商周直至明清，多少文人雅士来此驻足，竹林七贤更是在此隐居，演绎出一幕幕传奇佳话。如今这里依旧泉水叮咚、花木繁盛、流瀑飞溅，奇峰怪石、气象万千，有着看不尽的美景，赏不完的风情。

当太阳跃出云层，云台山就像穿上了一层绚丽的彩装。

水在云台山变化多端，瀑布是主要的形式，大大小小的瀑布有近百处。

云台山因常年弥漫着云雾，故名云台山。山上有大面积的原始森林，山谷中有碧绿的溪潭，深邃异常，还有许多壮观的瀑布泉水，共同组成了一幅如诗如画的美景。造型各异的奇峰异石，文人墨客的驻足题词，使这里成为著名的风景名胜。

云台山素来以山奇水秀闻名，山中的潭瀑峡更是其秀美风景的绝佳代表。谷内溪水淙淙，泉水汩汩而出，“三步一泉，五步一瀑，十步一潭”，到处都是涓涓溪流，山花鲜艳夺目，沿着台阶前行，一路美景不断，远处还有乘着竹筏随波逐流的游人，所有的一切构成了一幅美丽的自然风景画。云台山虽然是北国的风光，却有着南国的秀美婉约。清澈见底的溪流中，棱角突兀的石块早已被溪流冲刷得圆润精致，快乐的鱼儿游来游去，轻灵的水草游弋曼舞，湛蓝的天空与洁白的云朵倒映水中，清风拂过，溪水荡起层层涟漪，一圈一圈地向远处散去，这样的人间美景几乎会让人以为是来到了世外桃源。

红石峡还有一个名字，那就是温盘峪，可以说它是华夏第一峡，这里的泉水幽潭充满了灵动秀美之气，还有那颇为雄、险的瀑布、溪流，可谓是“自然界山水的精品”。红石峡除了水秀之外，还有一个奇特的地方，那就是这里重重叠叠的红色岩石。这里的红色岩石吸收了天地日月的精华，细看之下，隐约可见海浪冲击下形成的岩石层理，仿佛要引领人们去探索它的奥秘。

顺着在山体腹部开凿出的狭窄走廊缓缓前行，景色随着脚步的移动而变换，通体赤红的崖壁上生有许多青翠葱郁的树木，冷冽湍急的泉水在断崖处挂起一道白练，白练下端连着一个浓绿深潭。红岩，绿树，白练，碧潭，强烈的色彩对比令人眉舒目爽，不由地赞一声：妙！“一线天”好像泰山压顶，时时都会坠落，那两侧高耸的山头紧紧地封锁着头顶的天空，只留出一道极为细小狭长的窄缝，令人不由想到李大钊的那句话，“绝美的风景多在奇险的山川”。

道不尽云台山的美景，写不完云台山的妙处。云台山的景色就是大自然赐予人类的天然艺术品，美得令人心动、令人窒息。

摄影小贴士

地理位置：河南省焦作市修武县境内

最佳时节：四季皆宜

最佳美景：日出、云海、潭瀑峡、红石峡等

拍摄建议：5~10 月是拍摄的最佳时节，夏季雨量充沛，是拍摄溪流与瀑布的好时机；秋天则层林尽染，满山红叶，美景无数。

张家界 奇峰秀水

再次来到张家界，那山依旧如初见时俊秀多彩，那水依旧清冽澄净，而那云、那雾也仍旧缭绕迷离。在这里，大自然把鬼斧神工的技艺发挥得淋漓尽致，拔地而起的奇山异峰，呈现出千奇百怪的形状，层层叠叠，令人叹为观止。

张家界群峰兀立、高低悬殊，景色奇崛。

金鞭溪蜿蜒曲折，两岸景色秀丽怡人，有“山水画廊”之誉。

张家界，因西汉留侯张良曾经在这里避难隐居，于是他的后代便在这里扎根生活，从而繁衍成为一个大宗族，故此得名。人们说，“张家界的山、九寨沟的水是游山玩水的最佳去处”，张家界素有“峰三千，水八百”之称，群峰层层叠叠，郁郁葱葱，到处都是拔地而起的擎天巨柱，姿态万千、形态各异。有的如曼妙少女，有的似采药老人，有的像庞大的神龟……云雾缥缈，时隐时现、扑朔迷离。密林深处，溪流淙淙，蜿蜒曲折、妩媚迷人。张家界的山水风光具有秀美、奇特、清幽、原始、集中的特点，处处都是风景，又处处都不同，真是“五步一个景，十步一重天”。

作为诸峰之首的黄石寨是张家界的精华之所在，素有“不到黄石寨，枉到张家界”的说法。在黄石寨有张家界最大的悬空观景台，高 1200 米，而顶峰不过 0.2 平方千米。伫立摘星台，仰望星空，如此亲近，似乎可以伸手采摘天上的星星，脑海中不禁浮现“不敢高声语，恐惊天上人”的诗句。四周群峰林立，悬崖峭壁，群峰绵延起伏，尽显地势险要。在山岚叠翠、峰奇岭峻之间，隐藏着张家界最美的景观：定海神针、天书宝匣、南天一柱、金海探龟……

金鞭溪，这条张家界最长、最富有山区特色的溪水，其名字的由来与张家界十大绝景中的“神鹰护鞭”的金鞭岩有着莫大的关系。溪水全长近 10 千米，蜿蜒曲折、潺潺不绝，水中鱼儿自在畅游，沿着金鞭溪穿越在绝壁奇峰之间，两岸的景色秀丽怡人，青葱的树木、飘香的野花、嶙峋的奇石、高绝的奇峰，是武陵源风景最美的地界，被称为“山水画廊”“人间仙境”。有诗赞曰：“清清流水青青山，山如画屏人如仙，仙人若在画中走，一步一望一重天。”

天子山是武陵源四大景区之一，景区内群峦汇聚，高低悬殊，最高的昆仑峰海拔 1262.5 米，最低的狮兰峪海拔 534 米，形如盆地，内部景色秀丽，素有“扩大的盆景，缩小的仙境”的美誉。被缭绕的云雾所包围的奇峰怪石是天子山最为奇特之处，山

摄影小贴士

地理位置：湖南省张家界市

最佳时节：春秋季

最佳美景：山峰、黄石寨、金鞭溪、天子山、黄龙洞等

拍摄建议：天子山是拍摄日出、日落、云海的最佳场所，4 月中旬是拍摄张家界烂漫春花的最佳时刻，冬季山峰奇石银装素裹、洁白如玉。

阳光下的天子山云雾缭绕，美如仙境，令人心驰神往。

峰有着万千姿态，有时候像塔，有时候又像柱。壁立千仞的神堂湾，深不可测，身处其间寒气逼人，人迹罕至的幽谷为天子山更添一份神秘、诡谲。

在天子山，云雾是最多见的景观。云雾、云涛、云海以及云彩相互环绕构成神秘多变的天子山。朦胧大雾，缭绕飘浮，苍翠群峰在涨跌起伏的云海间时隐时现，犹如置身于蓬莱仙境。若是在晴日的早晨，云海蒸腾，一轮红日从天际深处喷薄而出，刹那间红光普照，洁白的云海披上一层红霞，十分迷人。

来到张家界，黄龙洞是不可不去的地方。黄龙洞位于武陵源核心景区，独特的喀斯特岩溶地貌孕育了绚丽的绝世奇观。黄龙洞是湖南省最佳旅游景区，被誉为“中国最美的旅游奇洞”。洞内洞山交错、暗河涌生、变幻莫测，再加上数以万计的石笋和气势壮观的瀑布、洞穴，神奇而又美丽得如同一座地下“魔宫”。

“三千奇峰，峰峰标异，八百秀水，水水妩媚；挟泰山华山之雄险，兼桂林黄山之秀奇”的张家界，是“天然去雕饰”的人间仙境，在一片奇幻的俊秀、清幽的碧水中，大自然的无边伟力化作鬼斧神工，把张家界雕琢得精美绝伦，尽显其天然秀美与神秘缥缈。就让我们用相机留下这大自然最宝贵的馈赠吧。

色彩斑斓、奇幻莫测的黄龙洞。

长白山 人间仙境

长白山，这座位于我国吉林省东南部的山峰，同时也是一座著名的巨型复式休眠火山，经过亿万年的地壳运动和火山喷发、堆叠演变，形成了天池、温泉、峡谷、瀑布、火山熔岩林、地下森林等众多千奇百怪的景观，素有“千年积雪万年松，直上人间第一峰”的美誉。其秀美的风光堪比五岳，那澄净而又神秘的气质不输任何高山，尤其是那闻名天下的天池，更使它拥有“高山天镜”之称。

长白山天池是长白山的标志和象征，位于海拔 2194 米的白头山山顶之上，是我国最高最大的火山湖泊。天池的形成源于火山喷发后积水为湖，湖水澄澈，呈碧翠色，犹如一颗绿宝石镶嵌在洁白的群峰之中。天空中云雾缥缈，冰雪封盖的山脉绵延起伏，天池水，一如平镜，天光云影，“处处高山镜天里”。相传，天池是由太白金星的宝镜变化而成的，西王母的两个女儿想要知道谁更漂亮，就向太白金星借用宝镜照一照比比，谁知当姐姐对着

长白山雪峰

宝镜时，宝镜却说，“还是妹妹更漂亮一些”，恼羞成怒的姐姐一气之下就把宝镜扔下天庭，落入凡间变成了天池。

在天池，一年里天空放晴的天数屈指可数，大多数的时间里都被厚重的云雾笼罩，偶尔还会有冰雹骤降、狂风呼啸，或许是大自然并不想游人轻易地一览天池的真容。若是幸运地赶上晴朗的时候，温润的阳光铺洒，悠悠的朵朵白云，巍巍的皑皑雪峰，清风拂过，都倒映在洁净的池水中，岚影波光，宛如一位静坐出神的美丽少女。天池是鸭绿江、松花江、图们江三江的源头，奔腾不息的江水孕育了东北三省的丰沃土地。寒冷的天气，阻止不了生命旺盛的活力，长白杜鹃、高山百合、倒根草、高山菊以及漫山遍野的高山桧，共同编织着天池的锦绣风光。

长约 60 千米的长白山大峡谷蜿蜒起伏，峰谷险峻嶙峋，茂密的森林，神态各异的山峰岩石，为巍峨的大雪山更增添一抹神秘色彩。火山爆发后形成的大峡谷在经过了千万年的风化和风雨的侵蚀后，形成了绚丽多彩的美景，这些壮丽雄浑的景色是如此的生动，令人惊奇。有酷似骆驼的骆驼双峰、有情人依恋缠绵的仙人相约图，还有那犬牙交错的奇特石林，鬼斧神工，令人目不暇接，大自然的艺术杰作让游人从内心深处发出由衷的赞美。

到了长白山，那从天而降、奔流不息的大瀑布声若雷滚、倾如银河，置身其间，宏伟壮观的场面让人迷醉。位于天池北侧、乘槎河尽头的瀑布是由岩石断裂而形成的瀑布，高达 68 米。汹涌奔流的河水犹如踏空一般，狠狠地冲向谷底，势如万马奔腾，溅起数丈高的水浪，有人用“银河落下千堆雪，瀑布飞流万缕烟”来形容长白山大瀑布的壮观。

长白山，一个富有诗情画意的名字，在这古色古香的背后却充满着想象不尽的美景与传说。奇异的风貌、秀丽的景色，共同演奏出长白山美妙的旋律。

摄影小贴士

地理位置：吉林省东南部

最佳时节：7 ~ 9 月

最佳美景：雪山、天池、瀑布、山花

拍摄建议：长白山的秋天是最美的，景色壮观美丽；拍摄天池的最佳时间是清晨和傍晚；要拍摄美丽的瀑布，一定要赶在第一场雪落下之前。

因岩石断裂而形成的长白山瀑布，高达 68 米。

群山包围中的天池，明镜般通透无波，池中倒映着蓝天白云，让人分不清何处是天、何处是池。

玉龙雪山 南国雪域

在纳西族人的心中，玉龙雪山就是一座神秘的雪域守护神，晶莹皎洁的群峰在霞光的晕染下如笼上一袭红纱，耀眼夺目。四时的变换使玉龙雪山也随之变化出不同的景色，白的雪、绿的松，在雨雪新晴之后尤为赏心悦目。

玉龙雪山巍峨壮丽、玲珑秀美，终年云雾缭绕、绮丽多姿。清晨，当霞光穿越云雾，洁白的山峰映照，犹如一棵散发金色光芒的玉笋，辉映四方；傍晚，艳红的晚霞似不舍的恋人与山峰依依惜别。

在玉龙雪山有栈道相通，供游人登山游玩。

玉龙雪山不仅险峻、奇特，而且磅礴中透着秀美，不管是登山探险，还是休闲旅游，玉龙雪山都是一处绝佳的选择。“阳春白雪”是玉龙雪山最美的景观之一。其中主峰扇子陡就好像一把展开的雪白折扇傲然耸立，集亚热带、温带及寒带的各种自然景观于一身，绿茵茵的青松、白皑皑的冰雪，移步换景，反差格外强烈，这就是著名的“阳春白雪”。

在纳西族人心中，云杉坪是一个神圣而又纯洁的地方，3240 米的海拔高度使这个 0.5 平方千米的林间草地显得异常珍贵。直插云霄、宛如屏风的雪山脚下，云杉坪树木参天、郁郁葱葱，好像千百年来无人打扰的一个神秘乐园，令人心生向往。

蓝月谷因湖水位于月牙形的山谷中，晴天湖水十分澄澈湛蓝，远远望过去就好像天上的月亮坠落在了这里，且湖水是澄澈的蓝色，故而得名蓝月谷。每当万物复苏、春季来临，玉龙雪山上厚厚的冰雪开始融化，涓涓溪流叮叮咚咚作响，滑下山体，汇集在山谷中静静流淌。蔚蓝的蓝月谷中倒映着青峰，白云悠悠，如梦如幻，疑似仙境。

冰塔林是一种十分罕见的奇特景观，是冰川末端消融之后残留的塔状冰体，所以称为冰塔。一座座矗立的冰塔就像直刺云霄的刀戟，经过阳光的照射显现出晶莹的绿光，犹如镶嵌在怪石之中的碧玉翡翠。

甘海子是观赏玉龙雪山的极佳之地。每年春暖花开之际，各种花草树木竞相生长、开放。住在附近的牧民们带上毡篷，一边骑着骏马，一边在连绵的群山中放牧，嘹亮的牧歌声在雪山碧水中荡漾，余音久久不绝。

静谧、神秘的玉龙雪山不仅是纳西族人心中的圣地，也是无数游人心中所向往的净土，如梦似幻的仙境使身处其中的游人忘却了烦恼忧愁，内心一片安宁。

摄影小贴士

地理位置：云南省丽江市玉龙纳西族自治县境内

最佳时节：2 ~ 6月

最佳美景：冰川、雪峰、蓝月谷、冰塔、甘海子

拍摄建议：登上文海村可拍摄到雪山西北侧的黑雪山景观，从雪松村可纵览白雪山，而在雪峰东麓可拍摄到绿雪奇峰，从锦乡谷草坪可拍到三面呈放射状的主峰扇子陡。

蓝月谷，河水湛蓝如碧，就像镶嵌在玉龙雪山脚下的一轮蓝月。

天山 众神之山

天山，有着令人遐想与向往的名字，是一座堪比仙境的“众神之山”。它是世界七大山系之一，位于地球上最大的一块陆地——亚欧大陆的腹地，距海洋最远。山脉在我国境内绵延近 2000 千米，山峰高大巍峨、傲然耸立，共同谱写着天山诗画般的传奇。

“明月出天山，苍茫云海间”，天山第一峰的托木尔峰海拔 7443.8 米，犹如擎天巨柱直插云霄。从远处眺望，白雪覆盖的山峰十分壮观，缭绕的云雾使它像一位遮盖了一层朦胧面纱的害羞姑娘，又像一位披着银白盔甲的战士，昂首挺立在天地之间。

托木尔峰的西部紧邻着天山第二高峰——汗腾格里峰，海拔 6995 米。汗腾格里峰最为壮观的景色当推汗腾格里冰川，汗腾格里峰 800 余条冰川十分壮丽、恢宏，在河里你还可以看到很多奇妙的冰川景象，如冰塔、冰蘑菇和冰锥等。这些奇景就可占满相机的内存。

雄壮巍峨的天山雪峰。

博格达峰位于天山东面，海拔 5445 米，远远望过去，直插云霄的巍峨气势令人叹为观止。这里有郁郁葱葱的原始森林、风景如画的山间甸草、气势磅礴的现代冰川……在岩壁陡峭、冰雪封盖的山崖间，洁白的天山雪莲傲然绽放，仿佛天山精华凝结的圣花，坚韧、纯洁，给人们带来希望。

来到天山，不能不去天池，天池是天山上的一处天然美景，位于博格达峰的山腰，素来以“天山明珠”著称。在古时候，天池被称为是“瑶池”，相传西王母曾经在这里宴请过周穆王。在天池边有一株巨大的榆树，相传是王母降服水怪的碧玉簪幻化而成，千万年来宛如“定海神针”一样镇守此地。

湖水碧蓝，群山环抱，天水一色，浑然一体。远处白雪皑皑、山脉绵延，山脚下草木葱葱、野花遍地，景色错落有致、如诗如画。在进入天池入口的地方，有一座被称为“石门一线”的石门，这里的石头颜色为暗红褐色，好像浇铸的铜铁，石门的两边还有斑驳的石头，中间有一线可以通过，故而这里又被称为“石峡”。在天池的西部，有西小天池，传说是王母的梳妆镜。池水澄澈明净，池上小亭林立，在四周云杉和瀑布的环绕中尽显优美。

在天池主湖的东面，绿树掩映中还隐藏着一处秘境，那就是有着飞龙潭、浴仙盆之称的东小天池。东小天池茂林环绕、巨石丛生、瀑布飞溅、碧潭清幽，是拍摄美景的好去处。而且小天池的瀑布有入口和出口两处，有“一潭挂两瀑”之称。入口处的“飞龙吐哺”瀑布，落差十几米，水声隆隆。而在泻水口处，池水从百丈的断崖飞流直下，如匹似练、瀑声如雷，溅起的水花烟雾迷离，在阳光的直射下似彩虹飞舞，因此被称作“悬泉飞瀑”。

来到天山，不仅有雄奇的自然风光，还有古老的寺庙建筑诠释着天山厚重的历史文化，天山脚下的牧民们那充满民族风味的民俗和丰富多彩的文化生活更是令人向往，这里还有着最好的滑雪场地，可让你尽情享受驰骋飞翔的快感。总之，天山有着数不尽的风景风情等着你去欣赏体验。

位于博格达峰下的半山腰的天池有着“天山明珠”的美誉，群山环绕、湖水碧蓝、水天一色。

由红褐色山体组成的石峡。

摄影小贴士

地理位置：新疆维吾尔自治区西北部

最佳时节：6 ~ 8 月

最佳美景：山峰、天池、冰川、冰塔、冰锥、冰蘑菇

拍摄建议：拍摄博格达雪峰最好选在 7 月；拍摄天池最好选在春季或初冬，雪后或雨后最美；天池倒影的最佳拍摄地点则是“大弯子”。

华山 天下第一险

华山位于陕西省华阴市，南接绵延千里的秦岭，北瞰波涛滚滚的黄河，是由断块上升、花岗岩垂直节理应运而生，“削成而四方，其高五千仞”。西岳华山自古以来就以山势陡峭险峻、壁立千仞而闻名于世，素有“华山天下险”“奇险天下第一峰”之称，使之成为摄影者眼中最佳的摄影地。

华山因有五座山峰相互簇拥，就好像是盛开的花瓣，故而得其名。东、西、南三峰是华山的三大主峰，三峰如鼎足般相互依偎。中峰和北峰周围如众星捧月般围绕着众多的小峰，自成一道风景。那光滑如刀削斧砍的万丈悬崖，那让人惊心动魄的悬空索道，还有那令人胆寒的鹞子翻身，无不彰显着这座天下名山的险峻巍峨。有险峰必有奇景，华山看似不容侵犯的容颜下却也隐藏着醉人的美景。

东峰海拔高耸，视野开阔，因山顶有朝阳台可以观看日出，故又称朝阳峰，是观看日出的绝佳地方。东峰主要由四座山峰组成，其中朝阳峰是主峰，而位于西面的玉女峰、东面的石楼峰和南面的博台峰因为不同的景色而各有千秋。除此之外，东峰还有清虚洞、甘露池、下棋亭等众多的景观。下棋亭位于东峰东侧、一座孤立的小山峰上。相传宋太祖在和陈抟老祖在这里下棋的时候，前两盘输光了身上的所有钱财，等到最后一局的时候，连华山也输掉了，于是就有了“自古华山不纳粮，皇帝老子管不住”的说法。在东峰还有一奇景，那就是被誉为“关中八景第一景”的华岳仙掌。历经亿万年风雨的侵蚀洗礼，东峰的面石崖壁上生出一面掌形石纹，该石纹有着分明且形象生动的五指，如同巨人宽大的手掌。在阳光的直射下，如同被镀上了一层金光，华丽壮美，观赏者无不叹为观止。

西峰峰顶有一块巨石，形状十分像莲花的花瓣，于是西峰就又被叫作莲花峰或芙蓉峰。徐霞客在《游太华山日记》中记述：“峰上石耸起，有石片覆其上，如荷花。”西峰高 2082 米，远远望去好像一块完整的巨大石块，如同经过刀劈斧砍般光滑。因其险峻雄伟的气势和高耸挺拔的身姿，而成为华山山形之代表。在华山的众多山峰中，西峰的景色可谓是雄伟中透着秀丽，站在顶端，放眼望去，四周视野开阔，多姿多彩的云霞为这里披上了一层绚丽的外衣，宋代隐士陈抟在他的《西峰》诗中写道：“寄言嘉遁客，此处是仙乡”。传说沉香劈山救母的故事就发生在这里，峰顶上就有一块“斧劈石”，旁边竖立着大斧，似乎在向世人诉说着那个感人至深的救母故事。西峰上美景众多，翠云宫、

摄影小贴士

地理位置： 陕西省渭南市华阴市

最佳时节： 4 ~ 10 月

最佳美景： 山峰、悬崖、云海、日出、古建筑

拍摄建议： 华山东峰的日出与北峰的云海久负盛名，是必拍之景；秋季是登山拍摄的最佳时节，红叶满山、山崖为底、松桧为墨，满山是图、满路为画。

下棋亭是华山的著名景观之一，位于华山东峰之侧。相传宋太祖赵匡胤与陈抟老祖曾在此下棋。

华山日出。

长空栈道被誉为“华山第一天险”，路依崖凿出，分为三段。

西岳庙是为祭祀西岳而建，被誉为“天下第一庙”，宏伟壮丽。

舍身崖、莲花洞……众多的景观无不在向游人展示华山的魅力。崖壁上的题刻更是数不胜数，工草隶篆各体兼备，依旧清晰如初，无言地表达着古人对华山的赞美之情。

在华山的众多山峰中，2154.9 米的海拔使南峰成为这里最高的山峰，同时也是五岳中海拔最高的山峰，古人将其尊为“华山元首”。松桧峰和落雁峰是南峰上著名的二顶，南峰直立如削的峭壁，登高望远，连绵不断的山峰、无限蜿蜒的河水、广袤的平原尽收眼底，有着令人心潮澎湃的气势。宋代名相寇準曾写下:“只有天在上，更无山与齐。举头红日近，俯首白云低”的脍炙人口的名篇。南峰的景色和其他的山峰相比丝毫不逊色，落雁峰上的天池、迎客松、黑龙潭等和松桧峰上的白帝祠、长空栈道、八卦祠、鹰翅石、全真岩、杨公亭等，每一处都是如此的与众不同，令人着迷。

华山作为道教名山，其文化底蕴也异常深厚。华山孤峭险峻，犹如刺破长空的巨大利剑。华山古建筑众多，寺庙殿宇错落有致，恢宏壮观。而其中最具代表性，也最有名的则是供奉着西岳大帝华山神的西岳庙。该寺庙始建于汉武帝时期，历朝历代都有维修和扩建，气势恢宏、结构精巧，被誉为“天下第一庙”，后来成为历代帝王祭祀华山神的场所。

华山之雄奇险峻，冠绝天下。华山为道教名山，文化源远流长。对它来说，任何的语言描述都是苍白无力的，任何的画作的描摹都是死寂苍凉的，只有身临其中，才能领略其无限风光，品味其独特韵味。

华山云海似烟似雾、缥缈无形，山峦若隐若现、如同仙境。

庐山 险秀名山

庐山位于江西省九江市，长大约 25 千米，宽大概 10 千米，百余座连绵不断的山峰高耸在长江和鄱阳湖之间，巍巍雄峻的山峰令人不得不感叹大自然的鬼斧神工，想一睹享有“匡庐奇秀甲天下”之誉的庐山的真面目。

诗仙李白的一首《望庐山瀑布》：“日照香炉生紫烟，遥看瀑布挂前川。飞流直线三千尺，疑是银河落九天。”给童年的岁月刻下了深刻的记忆，未能亲历者无法完全想象出那种“飞流直下三千尺”的瀑布到底是怎样的气势磅礴，但想要一睹那雄壮瑰丽的庐山瀑布景观的愿望却再也无法从心底抹去。或许正是源于此，庐山瀑布才引起了人们对庐山最热切的向往。

秋天的庐山五彩缤纷，如诗画般美丽。

↑ 瀑布是庐山的特色，处处可见大大小小的瀑布倾泻而下。

在庐山最不可错过的景观便是庐山瀑布，还未走近，那轰隆的瀑布声就传入耳中，三叠泉瀑布的壮丽、石门涧瀑布的俊秀、黄龙潭瀑布的奇特等，其中最为壮观的瀑布莫过于号称“庐山第一奇观”的三叠泉瀑布，自古就有“未到三叠泉，不算庐山客”的说法。它为摄影者提供了众多的素材。

“五老峰北嵯峨巅，龙泉三迭来自天”，三叠泉的水是从大月山流出来的，然后经过五老峰，最后从北崖口倾泻而下，经历了三级石盘，三叠泉之名便由此而来。三级叠泉各不相同，“上级如飘云拖练，中级如碎石摧冰，下级如玉龙走潭。”站在山下仰望瀑布，从高高的悬崖上直泻而下的水流撞击着岩石，那些碎裂溅起的水珠就好像是闪闪发光的珍珠，在阳光的照射下异常晶莹剔透。溅起的水珠浸湿了人们的衣服，可即使是这样，人们依旧兴奋不已，震天动地的瀑布声使面对面的人都听不清楚对方说的话。三叠泉虽发现于宋光宗绍熙二年（公元 1191 年），时间较晚，但古人对三叠泉的描述却数不胜数，无数的文人墨客来到这里观看壮观的瀑布，并在此留下了许多的诗篇。有“九叠峰头一道泉，分明来去与云连”“激石成三叠，驱云到四溟”“无人知此胜，来往水精灵”……要不是发现的晚，说不定诗仙李白也会再来一首千古名篇。

↑ 冬季的庐山银装素裹、晶莹剔透，密布的林木被白雪覆盖映照在平滑如镜的水面，清幽雅致。

古人云：“庐山之美在山南，山南之美在秀峰。”所谓的庐山秀峰，主要是包括香炉、鹤鸣、双剑、文殊等山峰，李白的《望庐山瀑布》就是描写这里的瀑布景观。香炉峰紫烟缭绕、双剑峰峻拔倚天、文殊峰挺尖耸立、鹤鸣峰一飞冲天、姊妹峰如娟娟秀女，庐山的雄伟、奇险、俊秀都汇集在这里，尽显独特的魅力。

来到庐山，除了欣赏气势磅礴的庐山瀑布、雄奇险秀的高大山峰，还有一个地方不得不去，那就是——白鹿洞书院。白鹿洞书院是我国四大书院之一，位于五老峰东南，相传书院的创始人可以追溯到南唐的李渤。历史上，白鹿洞书院名声甚高，众多的名家大儒曾在此讲学传道，成为著名的儒家圣地。由于战火，书院建筑多次遭到毁坏，后来进行了新建和重修。建筑气势宏大，黑柱红顶、灰瓦白墙，巍峨壮观，浸透着浓厚的历史韵味。

深山多藏名寺。庐山西北有一座名为东林寺的寺庙，在唐朝时发展到鼎盛，有寺庙宫殿百余间，僧众上千人，佛经论著数万卷，是东南地区重要的佛教圣地。明清时期由于战乱，寺庙建筑大多遭到毁坏，如今保存的多是清末遗物。

庐山，这座自然之手造就的秀甲天下的名山，“一山藏六教，走遍天下找不到”的宗教圣地，文人墨客、名人志士的宠儿，留下了太多名人伟人的足迹。每一条山间小道、每一棵树、甚至每一块石头都蕴含着历史的韵味，见证着风起云涌的岁月。

摄影小贴士

地理位置：江西省九江市庐山市

最佳时节：夏季

最佳美景：山峰、瀑布、古寺、白鹿洞书院、云海

拍摄建议：来到庐山，瀑布与山峰是必拍的；观日就去含鄱口，这里也是全国九大观日出最佳场所之一。

我国四大书院之一——白鹿洞书院。

衡山 中华寿岳

衡山又名南岳，是我国著名的五岳之一，位于湖南省衡阳市南岳区，衡山风光秀美、人文荟萃，有“五岳独秀”“中华寿岳”之美称。衡山七十二峰高耸入云，巍峨挺拔的气势中还带有一丝秀美的神韵，清人魏源《衡山吟》中有云:“恒山如行，岱山如坐，华山如立，嵩山如卧，唯有南岳独如飞。”对南岳极尽赞美。

关于南岳衡山的名字由来，从古至今有多种不同的说法，其中广为流传的是颇具传奇色彩的三种说法。一种说法是盘古在开天辟地之后，左臂变化成了衡山;另一种说法是中华始祖之一的炎帝神农氏追赶神鸟，用神鞭将神鸟打落变成了南岳，现在衡山的山徽“朱鸟”便是由此而来;还有一种说法是衡山与天上二十八星宿中的轸星之翼相对应，可以以此来衡量天地的重量，所以叫衡山。这些传奇说法更为衡山增添了神秘缥缈之感，令人神往。

衡山号称“五岳独秀”，山上终年翠绿、绿竹漪漪、花香四溢、泉水叮咚，确实是“五里不同景，十里两重天”。“衡山四绝”，即“藏经殿之秀、方广寺之深、祝融峰之高及水帘洞之奇”是衡山秀丽风景中最具代表性的美景。

衡山是亚热带季风湿润气候，具有冰冻期短、雨量充沛、气温垂直变化明显等特点。良好的自然条件造就了衡山终年无处不绿、无处不树的自然景观。衡山自湘南盆地中拔地而起，高耸入云的七十二座山，峰峰巍峨挺拔、险峻秀丽，形成了旖旎多姿的风光、瑰丽无比的气象。这里的四季风景皆有不同，若是春天来到这里，那最好的景色就是一望无际的花海，而夏天最好的景色就是翻腾不息的云海，还有秋天那绚丽的霞光和冬天白茫茫一片的雪景。身处其中，拂面而来的清冽山风送来阵阵花香，清香扑鼻，耳边响起的阵阵松涛，令人心潮澎湃，瞬间满身的疲惫一扫而空，通体舒畅、心旷神怡。

衡山作为五岳之一闻名于天下，不仅因为它是风景名山，更是因为它源远流长的历史文化内蕴。衡山是中华文明的重要发源地之一，也是我国著名的佛教、道教圣地，山上有寺、庙、庵、观共 200 多处；衡山还有独特的福寿文化，据《星经》记载：衡山对应星宿二十八宿之轸星，轸星主管人间苍生的寿命，故称衡山为“寿岳”。直到今天，我们还常用“福如东海，寿比南山”之句为老人祝寿；衡山的书院文化也是颇值一提的，其南岳书院（今邺侯书院）是我国历史上最早的书院，其书院数量之多位居全国之冠。所有这些，令衡山在众山之中脱颖而出、熠熠闪光。

衡山南岳大庙巍峨雄壮、气势不凡，是我国南方最大的宫殿式建筑群。走进南岳大庙，你可以看到朴实无华的民间寺庙，也可以看到金碧辉煌的皇宫殿宇，还可以看到有别于其他寺庙的道教宫观等。在这里，除了佛教和道教的寺庙、宫观，还有充满了儒家韵味的建筑，这在全国是极为少见的。它是中华文化的宝库，更是享誉天下的“文明奥区”。

衡山南岳大庙，我国南方最大的宫殿式建筑群。

衡山第一高峰——祝融峰，号称“接天”。

摄影小贴士

地理位置：湖南省中部偏东南部，绵亘于衡阳、湘潭两地之间

最佳时节：春末夏初

最佳美景：花海、祝融峰、云海、雪景、日出、南岳大庙

拍摄建议：春季漫山花开、夏季云海翻滚、秋季日出日落、冬季冰雪王国，以及仲夏夜的瀚海星空等都是可用相机留下的美景。

天柱山 江淮第一山

诗仙李白曾写下“吾还丹成，投迹归此地”的愿望，一代文豪苏东坡曾发出“平生爱舒州风土，欲卜居为终老之计”的感叹，政治家王安石也曾感慨“看君别后行藏意，回顾潜楼只自羞”。天柱山以其博大精深的独特魅力受到文人大师的热爱，遍布的奇石、怪松、深潭……连缀成一幅壮丽的江山画，如同奏响的华美乐章。

天柱山又叫潜山，位于安徽省安庆市潜山县的西部，是安徽省三大名山之一。在古时候，天柱山又被称为“南岳”，在五岳中排在第二位，在5000多年前的无怀氏时期就有了五岳之封。公元前106年，汉武帝南巡时曾登天柱山，筑坛祭祀山川社稷，后来司马迁的《史记》中记载了这次封山拜祭：“登礼潜之天柱山，号曰南岳”。公元589年，隋文帝在攻下南疆之后把衡山改为了南岳，从此以后，“古南岳”便成了天柱山的名号，并尽心地镇守着江山的南大门。

⬆ 天柱峰是天柱山的主峰，形似刺天宝剑，被誉为“孤立擎霄”“中天一柱”。

天柱峰是天柱山的主峰，海拔1488.4米，高耸挺拔的山峰就像是一把直插云霄的宝剑，又好像气势巍峨的擎天柱，被誉为

"孤立擎霄""中天一柱"。雄伟的天柱峰，傲然挺立于天地之间，正如"天柱一峰擎日月，洞门千仞锁云雷"。游天柱，必看日出云海。每当日出，霞光首先射照天柱峰顶，但见异石嶙峋、云浪滚滚。刹那间喷薄而出的万道霞光化滔滔白浪为绚丽红波，在氤氲的云层中出现一轮五彩的日轮，光彩夺目，十分好看。如果有人站在山顶，前有漫漫云海，后有彤彤红日，一道七彩光环层层相套，耀眼的阳光照射在身上，在七彩光环的环绕之下，宛如腾云驾雾的仙人施展无边法力，奇妙无比。

在天柱峰不远处的南方，有天柱山的另外一座山峰——天池峰。在天池峰的顶端有一个方池和一个圆池，这里的池水深不盈尺，既不会溢出也不会干涸，于是就被称为"天池"。峰顶巨石盘卧，西南部巨石开裂，宽约一米，如刀切斧劈，深不见底。上面架两条石条为桥，横渡天堑，桥下万丈深壑，令人目眩，人称渡仙桥或是试心桥，取意于"非仙莫能过""非无隐私者莫能过"。曾有诗戏曰："莫谓心难试，请君渡此桥。但能鉴白水，即可对青霄。"游人每来到这里，胆子大的人敢站在悬崖边向远处眺望，而胆小的人则只能趴伏在悬崖边俯瞰。站在桥头向下看，脚下有缭绕的烟云，时时还会冒出森森的寒气，令人有登临仙境的感觉。当天气晴朗的时候，伴着阵阵松声，绚丽的云霞上升起来，形成美妙的景观，偶尔还会有"佛光"出现，此时是天柱山一年中风景最好的时候。

蜿蜒起伏的石道引领着我们攀岩登峰，沿途的美景带来愉悦的心情，抚慰疲惫的身躯。在天柱山，巍峨耸立的天柱峰有数十处名崖，每一处都有与众不同的风景，彰显着大自然的神奇与魅力。龙吟虎啸崖，在天柱山群峰之中，气势异常磅礴，岸边有千奇百怪的山石，阵阵清风吹过，挺拔的松柏便如同巨龙长吟，山谷便如猛虎咆哮，还有深不见底的千丈崖，陡峭的崖边甚至都没有飞鸟敢在上面栖息。大天门，上凌霄汉、下临深渊、履云摩天，令人望而生畏……

有山有水才是好风光。耸立的天柱山诸峰孕育了众多的水涧瀑布，飞来涧、东关涧、青龙涧……水涧细流涓涓、泉水叮咚，每逢雨后，山溪横溢、飞流奔泻、狂奔怒吼、声若雷鸣。飞天瀑布，水流自断崖飘然而下，碎雨飞花、玉珠抛洒，隆隆水声、震山荡谷，成为天柱山的奇绝景色。

天柱山，这座拥有着独特的自然风光和浓郁的人文气息的名山，不仅是古代达官名宦、文人学士所向往之地，更是今日的游客们一览大好河山的最佳选择，也是摄影爱好者不可错过的风景名胜，静静地等待着大家去追寻、探索，去欣赏那神秘面纱下的绝美容光。

摄影小贴士

地理位置：安徽省安庆市潜山县西部

最佳时节：春夏秋季

最佳美景：山峰、奇石、山涧、日出日落、云海

拍摄建议：天柱山观日台是观日出的最佳地点，仲冬雪后和春秋两季是观日出最佳时节。登上渡仙桥，就可拍摄到七彩光环般的"宝光"。

巍峨挺拔的山峰下，是碧幽清澈的湖水，山水遥相呼应，组成一幅天然画卷。

天柱山多奇石，是在大自然的风蚀、雨淋下形成的，形态各异。

张掖 童话世界

张掖，位于甘肃省河西走廊中段，是古丝绸之路的重镇。这座繁华过后宁静安详的西北古镇中，隐藏着一处神秘的土地，它犹如上帝不小心打翻的调色盘，把那五彩缤纷的油彩泼洒到了张掖这片辽阔神奇的土地上，诞生了美妙绝伦的七彩丹霞地貌。

地处祁连山脉北麓的张掖，其丹霞地貌约于 200 万年前的前侏罗纪时期形成，由于自然的风雨侵蚀，这里的红色砂砾岩形成了千姿百态的奇峰怪石。远远望去，在这片五彩斑斓的奇特地表上，山峦丘陵鲜艳明丽、气势磅礴，它是中国丹霞地貌发育最大、造型最丰富的地区之一，曾被评为“中国最美的七大丹霞”之一。

张掖丹霞地貌分南北两大群，中间隔着绿地，遥相呼应。

张掖的丹霞地貌，用语言难以准确地描述出其风姿，而它带给人内心的震撼却是无法忽略的。来到张掖，放眼望去，层层叠叠、连绵起伏的群山仿佛用染料涂抹上了一层鲜艳的色彩，像火山喷发时炽烈的焰火，似山岸身披色彩明丽的霓裳，这是一处令人震撼的丹霞景观，红的、白的、绿的、橙的、黄的、青灰、灰黑等多种绚丽的色彩，在眼前呈现，展现出“色如渥丹，灿若明霞”的绝妙风采，将祁连山装扮得五彩斑斓，那无数的沟谷、丘陵更是多姿多彩。阳光下，好似一段色彩明丽的丝绸飘在大地上，那跌宕起伏的线条、鲜艳明丽的色调灿烂夺目，熠熠生辉，构成一个彩色的童话世界，让人惊叹不已。

张掖那如诗如画的丹霞地貌，是大自然鬼斧神工的杰作，那色彩斑斓又陡峭巍峨的红色砾石、砂岩以及泥岩更是将此处的丹霞地貌雕琢得美轮美奂，集雄壮、奇谲、瑰丽、清幽于一身，融多彩七虹的斑斓色彩为一体。

张掖因其雄伟险峻的地势更突显其美，拔地而起的危峰、斧劈刀削般的峭壁、深不见底的悬崖，既有着苍劲雄浑的磅礴气势，也有着让人望而生畏的孤绝。古人有“仰觉日月低，俯睇宇宙小”“栈道依松划，危楼叠石连”“绝壁当千仞，危崖一线开”等诗句，以此形容祁连山丹霞的雄伟险峻之美亦不为过。

作为中国丹霞地貌形态最丰富的地区之一，放眼望去，这里怪石林立，它们形态各异、富于变化，有的似波浪翻滚，有的似古老的城堡，有的似耸立的宝塔，有的似僧人朝拜，有的似各色的鸟兽，栩栩如生，如同一幅幅绝世名画。薄雾笼罩下的张掖，仿若海市蜃楼，又似仙山琼宇，望之使人震撼，如置身梦境中，实属大自然之奇景。

行走在张掖的丹霞地貌中，仿若置身于那连绵不绝的美丽画卷里，又仿佛穿越了天地的界限，来到了纯真有趣、多姿多彩的童话世界，在进行一场奇幻的神话之旅。这片神奇的土地，这笔大自然的杰作，将永留人们心间。

摄影小贴士

地理位置：甘肃省河西走廊中段张掖市

最佳时节：6 ~ 9月

最佳美景：七彩山峰和山脉、奇岩怪石

拍摄建议：雨后的张掖，丹霞地貌颜色愈加的鲜艳，是拍摄的最佳时机；夕阳西下的张掖，也很适合拍摄。

丘陵间用于攀登的栈道亦是五彩缤纷，色彩绚丽。

千岩万壑身披彩衣静卧在湛蓝的天幕下。

九华山 佛教名山

九座山峰好像盛开的莲花屹立在九州大地之上，九华山也因此而得名，其风光奇特秀美，被称为“东南第一山”。它位于安徽省池州，是地藏王菩萨的道场，与五台山、普陀山、峨眉山并称我国佛教四大名山。

大雪覆盖下的九华山，晶莹剔透、飘逸出尘。

自古名山大多与名士紧密相连，九华山就与诗仙李白密切相关。“一生好入名山游”的李白登顶九华山时，感叹此地景色秀美，便赋诗一首，赞誉其“妙有分二气，灵山开九华”，至此九华山之名得以传唱九州。后来，李白又多次来到九华山游览，留下“天河挂绿水，秀出九芙蓉”等千古名句。在九华山的众多山峰中，以莲花峰、天台峰、芙蓉峰等九座山峰的景色最为雄伟壮美。山峰之间林立着数座古刹庙宇，缭绕的香烟，参天的古木，使这里愈发幽静，充满灵秀之美，九华山也因此成为“莲花佛国”。

清朝时期，九华山便以“九华十景”闻名天下。九子岩因远远望过去好像抱在一起嬉戏玩耍的九个婴儿而得名，清澈的泉水从岩石下面流过，在山谷间直泻而下，撞击在岩石上犹如轰鸣的雷声，响彻天地，于是就有了“九子泉声”这样的奇异景观。九华山北部的莲花峰峭立挺拔，如花瓣般交叠镶嵌，远远望过去如同含苞待放的莲花。此地是观赏九华云海的绝佳地点。每逢春夏之时，九华山间便弥漫着云雾，峭立的山峰在翻腾的云海间时隐时现，变幻莫测，“莲峰云海”堪称九华山一绝。翠盖峰下有一泉三潭，甘甜的泉水从石缝中流淌进入幽深碧绿的潭水之中，淙淙的泉水映着青山石林，如清凉的仙境。相传，古时一位名叫舒姑的美丽女子，经常在清泉石旁婉转歌唱，时日久了，竟化作潭中鲤鱼，永伴在此。因此，这里的泉水便命名为舒姑泉，潭水便为舒故潭。皓月当空之时，此地尤为适合赏月，此景便是“舒潭印月”。

既是佛教名山，那么便少不了寺庙。九华街是九华山的中心，这里聚集了众多的古刹庙宇，其中化城寺是这里历史最为悠久的寺庙。这座古寺始建于晋代，依山势而建，寺前有一圆形广场，场中央是一个月牙形的莲池。据《妙法莲华经》记载，一位尊长带人一同求取珍宝的路途中，众人因疲惫不堪而心生畏惧，不愿再走，于是这位尊长便变化出供众人休息的城，此城便名为“化城”，化城寺也由此而来。

“江边一幅王维画，石上千年李白诗”，九华山以其独特的魅力吸引了大批的文人墨客慕名来此，他们沉迷于美景的同时，也留下了对九华山的歌颂。浪漫的诗歌、悠扬的梵音为九华山增添了深厚的文化气息。

“莲峰云海”堪称九华一绝。

九华山化城寺，如今被用作九华山历史文物馆。

摄影小贴士

地理位置：安徽省池州市青阳县

最佳时节：春秋季

最佳美景：山峰、瀑布、云海、化城寺

拍摄建议：秋天是九华山最佳的拍摄季节，红叶翠竹有着强烈的对比。秋天的日出日落也是最美的，让人心醉，最宜拍摄。

神农架 华中屋脊

神农架在人们的眼中一直都是神秘的，嶙峋怪异的山峰、茂密的原始森林以及那传说中的野人，一直以来备受摄影爱好者们的追捧。

相传，上古时候神农氏曾在山谷间遍尝百草治病救人，后来人们为了纪念神农氏就把这里称作“神农山”。神农架位于湖北省的西部，这里山峰林立，层峦叠嶂，在众多挺拔直立的山峰中，海拔在 2500 米以上的就有数十座。连绵起伏的山脉横卧在天地间，茂密的林木让整个山脉看起来苍郁凝重，3100 多米的神农顶让山脉享有“华中屋脊”的美名。

神农架是地质运动产生的结果，远古时期此地是一片茫茫无际的大海，经过漫长岁月的变迁之后，这里逐渐变成了陆地并抬升成为山脉。优越的自然环境使这里孕育着丰富的动植物资源，在历经多次的自然灾难之后，很多动植物在这里得以保存，因而这里又被称为“中国冰川时期的诺亚方舟”。

神农架兼具众山之长又自成风格，被誉为“神农天园”。

神农架是山水的天堂，一座又一座秀美绝伦的山峰在云雾中若隐若现，清澈的泉水在山间缓缓流过，还有郁郁葱葱的各种树木，所有的景致一同构成了一幅美妙的山水画卷。在这里，你可以体会到红坪峡谷的雄浑气势、香溪河的旖旎多姿以及潮水洞的奇特，秀丽的山水风光与著名的漓江相比不遑多让，是最受摄影者们喜爱的地方。

作为我国内陆保存完好的唯一一块绿洲，神农架是一块极其难得的动植物宝地。优越的自然环境孕育了这片拥有丰富动植物资源的土地，古老、独特而又珍稀的物种在这里繁衍生息。漫步在神农架，你可以看到巍然挺立的铁坚杉和峻拔的冷杉，偶尔会有灵动的金丝猴、警觉的苏门羚等动物在其间往来穿梭。

体会过这里美丽的自然风光，还要再看看充满人文气息的炎帝神农文化园。走进园内，最先映入眼帘的就是壮观的神农塑像，栩栩如生的雕刻展现了匠人高超的雕刻水平。清澈的香溪有一个美丽的传说，相传，王昭君在这里沐浴时不小心将项链掉入水中，于是溪水就变得香气逼人。香溪的源头位于茂密的林海中，这里有遍地野花和缥缈的云雾，点点滴滴的水流汇聚成涓涓溪流，成就了香溪源“天下第十四泉”的美誉。

苍茫的林海，竞秀的山峰，叮咚的泉水，啼鸣的鸟儿……都在神农架静谧的时光里缓缓流淌，但那传说中神秘的“野人”却不见了踪影。在这一处神秘的世外桃源里，隐藏着大自然的奇趣妙想，绚丽多彩，为每一位前来的游人诉说不一样的故事。

摄影小贴士

地理位置：湖北省神农架林区

最佳时节：5 ~ 10 月

最佳美景：湖泊、溪水、高峰、红坪峡谷、金丝猴

拍摄建议：红坪峡谷的山水风光堪比漓江，一定不能错过；这里还有金丝猴、苏门羚等稀有动物，也是抓拍的重点对象。

香溪源水流清澈、意境清幽，是游览和摄影的绝佳之地。

五彩滩 画师的调色盘

在新疆阿勒泰地区布尔津县境内的戈壁荒漠中，隐藏着一处大自然鬼斧神工之杰作，那是一个光怪陆离、变幻莫测的世界，绚丽的色彩、怪异的山石、壮美的戈壁将五彩滩装扮得美丽如画。

五彩滩毗邻微波荡漾、碧幽澄澈的额尔齐斯河，它是我国唯一一条向西流入北冰洋的河流，与对岸处处是绿洲，绿草浓如茵、绿树茂如林的河谷风光遥相呼应，真可谓是“一河隔两岸，自有两重天”。远远望去，逶迤起伏的山脉、辽阔无垠的沙漠、郁郁葱葱的森林、斑斓多姿的彩滩，与湛蓝的天空相连接相融合，一幅巨大的戈壁风情画尽收眼底。

蓝天白云下，额尔齐斯河碧波荡漾，山峦逶迤，树木疏密相间，五彩滩明丽鲜艳，整体就是一幅雄奇的自然画卷。

五彩滩又称五彩河岸，位于额尔齐斯河流域的北岸，由于地貌特殊，这里多风且干燥无比，长期受风蚀雨淋等自然作用而形成了雅丹地貌。“雅丹”是地理学名词，维吾尔语“险峻的土丘”之意。由于河岸两侧的岩层间对于风力的抵抗强弱程度不一样，所以形成了高低起伏的轮廓，山势连绵不绝，岩石颜色多变，在阳光的照射下五彩斑斓、变幻莫测、艳丽多姿，因此被称作五彩滩，也是“新疆最美的雅丹地貌”。

夕阳斜照下的五彩滩，仿佛被落日点燃，变得愈加耀眼迷人。

千百年来，五彩滩历经风雨摧残、岁月洗礼，平坦的地面变成了沟壑丛生的地形和陡壁险峻的丘陵。林立的石峰、丛生的怪石，千姿百态的石墙石柱，或蜿蜒如巨蟒，或武威似雄狮，或凸起如蘑菇，或曲折似波浪，变化多端，有着“横看成岭侧成峰，远近高低各不同”的韵味，扑朔迷离，让人目不暇接。黄昏时分，登高远望，整个五彩滩光芒四射、热烈耀眼，仿佛被落日点燃，熊熊燃烧，让人心潮澎湃，激荡不已。

那绚烂明丽、缤纷多姿的色彩是五彩滩最迷人的地方。由于五彩滩的山壁多是由红、浅黄和浅绿等多种颜色的岩石组成，且岩石中含有不同成分的矿物质。所以，这里并不像一般的岩石只有单纯的黄、黑，还有红、橙、绿、灰黑、灰白、青灰、灰绿等多种色彩，仿佛是画师手中的调色板，多种色彩的结合，勾勒出

秋天的五彩滩色彩斑斓，更加美丽。

摄影小贴士

地理位置：新疆维吾尔自治区阿尔勒地区布尔津县

最佳时节：6～9月

最佳美景：日出、日落、彩滩

拍摄建议：五彩滩一年四季都可拍摄，黄昏落日是五彩滩最美的景，要想拍全景则需爬到较高的土包上。

一幅明丽鲜艳的油画；又仿佛是天上织女织就的彩霞，只有仙人的着色才能让这里变得如此瑰丽。

一天之中，随着日光变化，五彩滩也风光各异，展示出自己独特的魅力以及无与伦比的壮丽。清晨，当一轮红日从东方冉冉升起，穿透云层喷薄而出时，五彩滩就像一个朦胧婉约的江南女子，温婉雅致。薄雾笼罩下的山峦若隐若现，挥洒的阳光为其镀上了一层艳丽的色彩，那一座座突起的山丘愈加玲珑剔透，就像一顶顶五彩线织就的帽子，斑斓多彩。中午的五彩滩就像熊熊燃烧的火焰山，山川在浓烈的阳光炙烤下，颜色也愈加淡化，一切的颜色都好像要被燃尽。黄昏日落时，夕阳斜照下的五彩滩刹那间绽放出五彩的光芒，殷红如血、灿黄如金、绿的纯粹、蓝的深邃、白的耀眼，光影斑驳，交相辉映，绚丽鲜亮，娇艳妩媚。此时是五彩滩一天之中最耀眼、最明丽、最迷人的时刻，一个光与影交织变幻的多彩世界。

登上观景台，两岸的旖旎风光尽入眼底，茫茫戈壁上山峦起伏，绿树如林，波光粼粼的额尔齐斯河蜿蜒迂回，岸边的彩滩斑斓多姿，这是一幅上帝之手描绘的大自然的美丽画卷，既有着大漠的空旷辽阔，也有着江南的钟灵毓秀，是大自然最宝贵的馈赠。

五彩滩的颜色多姿多彩，红、黄、绿、白、橙等，就像一个色彩缤纷的调色盘。

五台山 佛教圣地

五台山位于山西省忻州市五台县境内，位列我国佛教四大名山之首。东汉时期，远道而来的西域高僧见五台山俊秀伟岸，气势非凡，耸立的五座山峰如同佛祖释迦牟尼的灵鹫山，于是便在此建立寺庙。经过数百年的发展，至隋唐进入鼎盛时期，成为寺庙林立、僧侣若云的佛教圣地。

五台山这座闻名天下的佛教名山，不仅有着规模宏大的寺庙群、历史悠久的佛塔佛像、巧夺天工的雕刻，其优美的自然风光亦是不容错过，奇峻雄伟的群山，郁郁葱葱的古树，巍峨耸立的五台主峰，令人心旷神怡。登高俯瞰，五座峰台就好像盛开的莲花，登上东台海拔 2795 米的望海峰，极目远眺，云蒸霞蔚，颇有宛如仙境的感觉。西台挂月峰，海拔 2773 米，架云挂月，奇险相交，而南台的锦绣峰，海拔 2485 米，放眼望去，青峦叠翠，一片生机盎然。北台叶斗峰，海拔 3061 米，高耸挺立，直插云霄，是五台山的最高峰，有“华北屋脊”之称。中台翠岩峰，海拔 2894 米，亭亭华盖，俊秀伟岸，“顶广平，圆周五里，巅峦雄旷，翠霭浮空，因以为名”。东西南北中，五台傲然耸立，气势非凡。

上下两层的无量殿是一座仿木结构的砖石建筑。

显通寺诸殿之中，外观上最引人注目的当属铜殿——方形，重檐，外壁皆饰以金箔。

五台山，5 座峰台犹如 5 朵莲花，似乎注定为佛门盛开……作为佛教圣地，寺庙建筑是必不可少的。五台山的庙宇庄严大气，佛像古朴俊美，堪称艺术精品。诸寺之中最著名的当属显通寺。

显通寺，这座位于五台山中心区域的寺庙，是五台山的第一大寺，规模宏大。寺庙始建于汉明帝永平年间，初名大孚灵鹫寺，清康熙二十六年（公元 1687 年），改名为大显通寺。寺内有大雄宝殿、大文殊殿、无量殿、铜殿、藏经殿等 400 余间建筑。威严肃穆的大雄宝殿是显通寺中轴线上的第三重大殿，主要用来举行各种佛事活动，殿内供奉有 3 尊大佛，分别为释迦牟尼、阿弥陀佛、药师佛。大文殊殿，显通寺的第二重大殿，主要供奉有 7 尊文殊菩萨像。分为上下两层的无量殿是一座仿木结构的砖石建筑，是中国古代砖石建筑的杰出代表，结构严谨，雕刻精湛，技艺高超，装饰精致，殿内供奉有无量佛。显通寺诸殿之中，外观上最引人注目的当属铜殿。铜殿建于明万历三十七年（1609 年），方形，重檐，用铜 5 万千克铸成，外壁皆饰以金箔，四周隔扇及窗棂均有花鸟图案装饰。殿内四壁铸满了小佛，约有万尊，中央台上端坐一尊大佛，故称“万佛如来”。整个大殿金光闪闪，灼灼照人。

菩萨顶是五台山最大的喇嘛寺院，古时还是历代皇帝朝拜五台山时的行宫，具有典型的皇家特色，金碧辉煌，绚丽多彩。寺庙始建于北魏孝文帝年间，历代多次重修，明永乐年间蒙藏喇嘛教徒进驻五台山，遂成为五台山皇庙之首。山顶之上，庙宇林立，布局严谨，错落有致，加之所处地势较高，望之更加雄伟壮观，如同天宫。

出家人讲究远避红尘，与世无争，漫步在五台山绵延的山路上，轻轻拂过斑驳的转经筒，耳边传来梵音清咒，轻嗅着淡淡的香火味，世间的凡俗之气在五台山千百年的佛香中涤荡、消散，那颗浮躁的心也变得宁静安详。

摄影小贴士

地理位置： 山西省忻州市五台县境内

最佳时节： 夏季

最佳美景： 寺庙、佛塔、山峰、古树

拍摄建议： 春天山中桃花纷飞的盛景不可错过，夏季的五台山树繁叶茂、清凉宜人，是拍摄的最佳时节。

武夷山 奇秀甲东南

武夷山巍巍的豪情之美中兼有婉转的柔情之美，是刚柔并济的美，是大自然鬼斧神工造就的美。沿着九曲溪乘舟而下，心情会随着四周风景的变化而逐渐开朗，闭上眼睛，聆听这山水的歌唱，心里会愈发惬意。

位于福建省和江西省西北交界处的武夷山，景色十分秀美，平均海拔在 1000 米以上。作为我国十大名山之一，世界自然与文化双遗产，武夷山有着丰富的自然景观和人文景观。典型的丹霞地貌给予了武夷山奇峰和秀水；道教、佛教、儒家文化的浸染，奠定了武夷山浓厚的文化底蕴。

武夷山所有的精华就在于“三三秀水清如玉，六六奇峰翠插天”，所谓“三三秀水”就是百转千回的九曲溪；“六六奇峰”就是环绕九曲溪的三十六峰。

发源于武夷山峭峰深谷之中的九曲溪，烟水悠悠，在幽谷中蜿蜒曲折几十里，有道是“曲曲山回转，峰峰水抱流”。曲水流觞，两岸景致变化多端，或缥缈如烟，或幽暗深邃，或旷达畅然，每一曲都有着不同的诗情画意，有诗云，“溪流九曲泻云液，山光倒浸清涟漪”，形象地勾画出九曲溪的秀丽轮廓。

乘坐九曲溪竹筏漂流，沿岸美景尽收眼底。

乘着竹筏沿着九曲溪顺流而下，两岸的壮美景色尽收眼底。巍峨壮观的大王峰雄踞一曲北岸，摩霄凌云。大王峰是武夷山36座山峰之首，四周岩壁形如刀削，气势磅礴，素有“仙壑王”之称。古人曾赞誉到：“不登大王峰，有负武夷游。”慢悠悠的竹筏顺着曲水来到二曲，这里有着武夷山最迷人的景观“玉女峰”，“插花临水一奇峰，玉骨冰肌处女容”形象地写出了玉女峰的神韵。山峰高耸挺拔，岩壁十分地光滑秀丽，好像经过雕刻家的精雕细琢，山峰顶端的茂密的花木像极了美丽的花冠。远远望去，俨然是一位秀美绝伦的少女。玉女峰下有浴潭，相传曾有玉女在这里沐浴，潭水碧幽清澈，倒映着玉女的无限风情。

玉女峰是武夷山的象征，因形似一位亭亭玉立的少女，故而得名。

当小竹筏静幽幽地来到五曲，溪水波光潋滟，空气中传来阵阵淡墨清香，时而晨钟暮鼓，余音袅袅。九曲中五曲最为开阔，同时这里也是武夷山中人文特色最为浓厚的地方，两岸山以秀美的姿态相对立。隐屏峰下有一座紫阳书院，著名的理学大师朱熹曾在这里开座讲学，虽然经过千百年的风雨，朗朗的读书声好像依旧在耳边回荡。

过了五曲就是六曲，这是九曲中最短的一曲，然而却是景色最为优美的地方，被誉为“武夷山第一胜地”的天游峰就位于此处。登临天游峰可以欣赏到九曲的全景，山峰巍然耸立，孤峻挺拔，明代旅行家徐霞客评论道：“不临溪不能尽九曲之胜，此峰回应第一。”

乘着竹筏随波逐流，沿九曲溪而下，那澄明如镜的溪水倒影两岸青木峻峰，宛如神女手中一条弯曲九转的绿色绸缎。微凉的风拂过面颊，十分惬意，水中有欢快畅游的鱼儿，偶尔还会调皮地跃出水面与游人打招呼，静谧的武夷山也因此多了些许生机。时光无言，静默挺拔的山峰以淡然的姿态尽诉巍峨，蜿蜒曲折的碧水演绎着岁月的婉转柔情。岸边苍劲的古树依然绽放着精彩，交杂的树根和茂密的枝叶都浸透了历史的沧桑，无数的文人墨客在这里留下了千古的绝唱。

说到武夷山，不得不提武夷山茶，武夷山茶中之王当属大红袍，冲泡后香气馥郁，有如兰花，饮之齿颊留香，经久不散。相传，武夷山第一棵茶树为武夷君栽种。历经千年，武夷山茶品质独特，清香依旧，广受欢迎。

在武夷山下，遥望曼妙的玉女峰，浸泡一壶武夷山茶，茶香在空气中回荡，沁人心脾，恰如武夷山的美，刚柔并济。

摄影小贴士

地理位置： 福建省武夷山市南郊

最佳时节： 夏秋季

最佳美景： 峡谷、山峰、瀑布、九曲溪、茶园、古建筑

拍摄建议： 乘九曲溪竹排漂流，可以拍摄沿岸山峰不同角度的景观，登上天游峰，可以从高处俯瞰四周，也能拍摄到极具美感的照片。

暮色下瑰丽多姿的九曲溪。

太姥山 海上仙都

太姥山位于福建省的东北部，三面皆环海，只有一面背山，山水相依，秀美绝伦。太姥山原名为“太母”，据传是因为尧的老母曾在这里羽化飞升，故而得此名，太姥山也因此带有了一层神秘色彩。当地人把太姥山和武夷山合称为“双绝”。

太姥山素来有“海上仙都”的美誉，因为靠近东海，故而东海中的众位仙家就经常在这里相聚畅饮，此名便由此而来。太姥山雨水丰沛，山间常年有清澈的溪流，其中九鲤溪风景便是其中的一处绝景。这里有逶迤连绵的青山、郁郁葱葱的林木以及林立的怪石，更有澄澈碧绿的湖水，湖底游鱼清晰可见，湖面倒映着四周山石，“迎仙船”“仙童望日”“观音坐莲”……众多美景令人沉醉不已。九鲤溪上游至下游之间浅滩众多，或平缓，或湍急，乘着竹筏从这里经过，颇为凶险。

九鲤溪还有溪口瀑和龙亭瀑两座瀑布。溪口瀑有 60 米高，从陡峭的山崖上倾泻而下，溅起无数水珠，在阳光的折射下形成五彩斑斓的色彩。抬头仰望，水流翻滚如同相互搏斗的猛兽，令人心惊胆战。另一龙亭瀑呈“人”字形，百十米的落差，使瀑布犹如长长的白练倾泻而下，惊雷巨响，响彻山间，有震撼人心的磅礴气势。

太姥山有着众多的美妙景色，但是若论精华，那必定是太姥山的花岗岩。太姥山的花岗岩是大自然赠予人类的宝贵财富，二佛谈经、夫妻峰、玉猴照镜、金龟爬壁……还有许多充满神话色彩的形象，千奇百怪的造型，令人百看不厌，啧啧称奇。其中尤以绵延数千里的“九鲤朝天”和“二佛谈经”最为壮观雄伟。“九鲤朝天”形状很像九条鲤鱼跃向天空，而“二佛谈经”很像是身披袈裟的佛僧在面向东海讲解经书。无怪乎古人作诗赞之：“太姥无俗石，个个皆神工，随人意所识，万象在胸中。”

经过长年的风化，太姥山形成各具特色的花岗岩石景。

若是遇上阵雨，山石一洗如新，与远处大海的潋滟水光交相辉映，连绵的山峰后是曲折的海岸线、众多的岛屿和迷人的梯田，所有的一切共同组成水墨天成的“山海大观”水墨画，与“山增海阔，海添山雄”的美妙意境有异曲同工之效。

雨后的太姥山更加清新秀丽，好像一幅“山海大观”水墨画。

除却众多石景，太姥山的石洞也颇为奇特。经过调查，这里的石洞多达百个，要想走完这些石洞大约需要 20 天。石洞众多且都各具特色，有一直通向海面的“海通洞”，有向上延伸的“通天洞”，还有常年水滴不断的“滴水洞”……这些洞小的仅可容纳几个人，大的能够容纳千人，甚至可建造房屋楼阁。若恰逢夏日来此，还可欣赏到空谷幽兰的美妙景色和幽幽暗香。在将军十八洞中，既可观海，也可观日，洞内还有许多千奇百怪的石头，有的形似骆驼，有的形似玉笋……其中还有多处涌动的泉水，在阳光的折射下闪烁出细碎的金光。最为奇妙的是，站在洞中某处，伸展双手，左右冷暖不同，大有“冰火两重天”之感。洞中古藤蔓沿壁蜿蜒至阳光照射处，编写着属于自己的生命赞歌。“将军十八洞”不仅有奇妙的景色，穿行其中更有无穷的乐趣。游人需要在其间或蹲下行走，或爬行，或侧行……洞中时时有欢声笑语传出。

太姥山石洞颇奇特，有的小洞仅容一人通过。

“太姥梦萦今始游，果然仙境胜瀛洲。”漫游太姥山，在大自然的鬼斧神工和浓厚的人文历史中品味太姥山的独特韵味。

摄影小贴士

地理位置： 福建省福鼎市秦屿镇九七五县道

最佳时节： 11 月下旬

最佳美景： 奇峰、怪石、石洞、云海、瀑布

拍摄建议： 春季这里有捕捞鱼苗的劳作场景，也有漫山杜鹃花开的盛景；夏季台风多发，海水天光是难得的美景；秋季太姥山上枫叶红透之际，也是拍摄的好时节。

贡嘎山 白色冰峰

巴蜀山川，自古以来就以“雄险幽秀”闻名天下，秀绝天下的峨眉山，清幽绝顶的青城山，妩媚婉约的四姑娘山，更有雄奇险峻、可与珠穆朗玛峰相媲美的贡嘎山，它是雪域高原上名扬四海的神山。

在藏语中，“贡”的意思是冰雪，“嘎”的意思是洁白，所以“贡嘎山”的意思就是“洁白的雪峰”。贡嘎山位于四川与西藏的交界处，是横断山脉中最高的山峰，周围海拔 6000 米以上的雪峰多达 45 座。这里群峰拥簇，绵延不绝，是雪域高原上著名的神山，其主峰赫然高出于诸峰之上，因此有“蜀山之王”的称号。

贡嘎山以罕见的冰川奇观闻名于世，拥有数十条巨大的冰川。

贡嘎山最出名的莫过于世所罕见的冰川景观，这里的冰川众多，约有 45 条，其中有 5 条冰川长度在 10 千米以上。最长的海螺沟冰川是贡嘎山原始冰川中最为奇秀的一条，有着“海螺天下奇”之誉。

作为大自然无私的馈赠，海螺沟景色优美，充满了原始与野性的魅力。泛着晶莹亮光的冰川从险峻的山谷中倾泻下来，好像充满了愤怒的波浪扑面而来，瑰丽异常。大冰瀑布高 1000 多米，宽 1100 多米，以磅礴壮观的气势闻名天下。站在沟底，四周山峰林立，千年积雪银光闪闪，当旭日冉冉升起，万道霞光普照，晶莹的冰川白雪返照光芒，山峰金光夺目，瑰丽辉煌，犹如金汁泼洒，这就是著名的“日照金山”。阳光漫过皑皑白雪，神圣、无瑕，显示出“世界无我，唯有金山”的宏大。大自然的神奇伟力缔造了这天地合一的传奇，雄伟庄严，让人顶礼膜拜，更为摄影者提供了绝佳的摄影奇景。

或许并不想让海螺沟成为冰雪的世界，茂密的原始森林宛如一条绿色的彩带游走在这片洁白之中。葱茏的草木孕育着变化无穷的植物景观，不时有可爱的动物跳动，给静谧的森林带来一份

晨起的阳光、西下的斜晖照射在贡嘎山的峰顶，如头戴金冠，形成日照金山的绝世美景。

摄影小贴士

地理位置： 四川省甘孜藏族自治州境内康定以南

最佳时节： 5～6月

最佳美景： 海螺沟、大冰川、日照金山、温泉

拍摄建议： 从剪子弯山垭口向雅江方向约3千米处、祝桑县黑石山都是最佳拍摄地点；早晨或黄昏是光线最好的时刻，适合拍照。

灵动和生机。此外，在海螺沟这一片冰雪覆盖的酷寒世界中，还有十几处云雾蒸腾的温泉，温度较高，最高温度可达90℃，为这片天寒地冻的冰雪世界带来丝丝的温情。其中二营地温泉更是世界上少有的温泉瀑布，一昼夜的流量竟达到8900余吨，是贡嘎山中的一处奇景。漫天雪花飞舞之下，温泉水汽蒸腾，花草树木朦朦胧胧，影影绰绰。

在沟底仰望雪山，千年不化的积雪在金色的光线下晶莹剔透，锋利的雪山棱角划破碧蓝的天空，朵朵白云仿佛躲避的羔羊飘向远方。不时飘来的云雾在山谷间流淌，阳光也因此变化着角度，在丛林间投下斑驳的光影。

来到贡嘎雪山，怎能不体验一把登山呢？贡嘎山壁立千仞，陡峭险峻，斜角坡度达60°～70°，攀登非常困难，1932年才由美国人首次登顶。但对于登山爱好者来说，贡嘎山具有强大的吸引力，被称为“山中之王”。因为攀登难度大，这里也成为死亡率极高的山峰。但是，艰难险阻并不能阻止人们攀登的脚步，那峻拔雪山的背后到底是一个怎样的世界？是冰川遍布、草木无生的冰雪世界，还是鸟语花香、美若天堂的世外桃源？正是这种对神秘的探索，渴望体验“尘寰千万落”的豪气，支撑着人们不畏艰险地去攀登贡嘎山。

千万年来，贡嘎山以岿然巍峨之姿俯瞰整个川蜀之地，与冰雪、高原相伴，任时光的流水冲刷坚固的冰峰。悠悠岁月中，茫茫天地间，阅尽人间沧桑，见证世事变迁，守护着这片神圣的土地，接受众人的仰慕。

贡嘎山海螺沟的温泉，温度极高，水汽蒸腾。

四姑娘山 蜀山皇后

四姑娘山，一个婉约妩媚的名字，一座孤傲冷艳的高山。它有雪域神山的晶莹剔透，又有绿草如茵的勃勃生机，还有潺潺不绝的清澈溪流，这就是享有“蜀山皇后”美誉的四姑娘山。

四姑娘山位于四川省阿坝藏族羌族自治州，是我国著名的旅游景区、地质公园和大熊猫栖息地。四姑娘山，顾名思义，是由 4 座连绵的山峰组成，大姑娘峰、二姑娘峰、三姑娘峰、幺妹峰从北到南，一字排开。群峰巍峨，终年积雪覆盖，银装素裹，犹如四位头戴白纱的亭亭少女，光彩照人。相传，曾有四位姑娘为保护心爱的大熊猫，在这里与恶魔进行了勇敢的斗争，最后她们变成了四座山，这就是深受当地人们尊崇的四姑娘山。四座山峰巍峨挺拔，陡直峻峭，在众多的山峰中十分引人注目，其中海拔达 6250 米的幺妹峰仅次于素来享有“蜀山之王”美誉的贡嘎山。

落日的余晖为冷峻的四姑娘山增添了些许的柔美。

大姑娘山海拔 5025 米，4000 米以下的山势较为低缓，是高山草甸区，芳草萋萋，到处都是盛开的野花，鲜艳夺目，还有成群结队悠闲散步的牛羊，偶尔还能够听见悠扬的牧歌声。一行人骑着马儿行走在草地上，远处蓝天白云下绵延起伏的皑皑雪山，苍翠欲滴的森林和远处潺潺的流水衬得这里异常秀美。

介于大姑娘山和三姑娘山之间的二姑娘山海拔 5276 米，山峰尖削险峭，峰顶狭窄如城堡，且终年积雪，在阳光的直射下晶莹剔透。夏季是二姑娘山最美的时刻，此时漫山遍野的绿树红花使这里充满了勃勃生机，二姑娘山也因此披上了一层绚丽的外衣。充满生态原始意味的二姑娘山是众多珍贵动植物的栖息地。在这里，你不仅可以看到憨厚可爱的大熊猫、聪明伶俐的金丝猴，还可以看到许多珍贵稀有的中草药。

三姑娘山海拔 5355 米，是森林最为茂密的地区，海拔 2500 米以上原始森林、高山草甸分布密集。卧龙自然保护区就在这里，连绵不断的群山和一望无际的森林是大熊猫的自然家园。

在四座山峰中，幺妹山是海拔最高的山峰，峰顶常年覆盖着冰雪，被缭绕的云雾所包围，是我国的登山名山之一，如今已经有十多个国家的登山队在这里成功登顶。幺妹峰景色优美，高山峡谷，森林草地，生态多样，被列为国家重点风景名胜区、国家级自然保护区、国家级地质公园和四川大熊猫栖息地世界遗产。

四姑娘山林草茂盛，随处可见牧民放养的牦牛，散养的牦牛在这片天地里自由自在地漫步。

在连绵起伏的山峰之间，峡谷沟壑蜿蜒，其中双桥沟、长坪沟、海子沟的景色十分优美，是四姑娘山有名的胜地，也是最受摄影爱好者青睐的地方。双桥沟因杨柳桥和便桥两座桥而得名。走进沟内，曲折幽深，山势陡峭，两侧的景致犹如花朵点缀着枝干，漫步其中，草木繁盛，云雾缭绕，恍若走在画廊之中，令人流连忘返。

在四姑娘山的众多峡谷沟壑中，长坪沟因有着丰富的植物种类而成为绝佳的生态旅游地。当阳光穿透浓厚的枝叶，撒落斑斑点点的光影，厚厚的落叶与长满青苔的沃土彰显着它独有的气息，哗哗作响的飞流声为这幽静、原始的密林奏响生命的赞歌。这里还是登山的重要营地，是进行探险的最佳地点，沟长19.2千米，谷内的浮海、花海子、蓝海等众多湖泊清澈见底，四周之景倒映其中，宛如美丽的壁画。若是在深秋季节，背面山坡上的灌木林变得五彩斑斓，呈现出层林尽染、万山红遍的壮丽景观。

四姑娘山的风景优美迷人，历史文化更是源远流长。这里居住着藏、羌、回、汉等多个民族，古老的藏族嘉绒文化辉煌灿烂。那悠扬的山歌、动人的传说、庄严的祭祀庆典、淳朴热情的村民、浓郁的青稞酒……所有的一切，构成了四姑娘山美丽多情的风土人情画卷。

摄影小贴士

地理位置：四川省阿坝藏族羌族自治州小金县四姑娘山镇境内

最佳时节：7～8月

最佳美景：双桥沟、长坪沟、海子沟、幺妹峰

拍摄建议：四姑娘山的云海、日出都很有名，猫鼻梁是拍摄四姑娘山日出日落全景绝佳之处，三锅庄是拍摄五彩山和双桥沟全景的好地方。

双沟桥的美丽风景。

珠穆朗玛峰 世界最高峰

当你立于青藏高原的世界屋脊上，置身于蓝天白云之下，抬头仰望，四周都是皑皑的白雪，巍峨的山峰，圣洁、雄伟、威严……一切词汇都无法描述对它的惊叹与赞美。千百年来，珠穆朗玛峰犹如一位梦幻女神静立在这片雪域高原，成为一个不朽的传说。

珠穆朗玛峰位于喜马拉雅山脉中段，四周环绕着众多山峰，其中有数十座山峰的海拔在 7000 米以上，也因此这里成为世界上规模宏大且异常壮观的高山群。山峰终年冰雪覆盖，云雾缭绕，大部分时间里都是狂风大作，雪花冰雹从天而降。偶尔的晴朗天气里，万里无云，晶莹剔透的冰峰在阳光的映照下，犹如金箔镶嵌，格外静美，仿佛头戴金色的王冠，静美中又透着王者的威严与霸气，这就是珠穆朗玛峰的美景之一——日照金山。

日照金山。

想要欣赏珠穆朗玛峰的壮丽美景，珠峰大本营是你登山的起点和中转站。这个为保护珠峰环境而建的保护地带，能够为游人提供必要的休息与给养。若是想要从北坡攀登珠穆朗玛峰的大本营，就必须经过世界上海拔最高的寺庙，那就是绒布寺。绒布寺的海拔达 5800 米，站在这里极目远眺，在群山中傲然挺立的珠穆朗玛峰格外醒目。

在珠穆朗玛峰除了看山，还有就是看云。高高的雪峰耸入云端，缥缈的云雾在山峰间飘荡，对流形成的积云犹如一面展开的白色旗帜在山顶挥舞飘扬。随着气流的上升和高空复杂多变的天气，积云不断变幻着各种形态，在气流的带动下如流水一般在山谷中流淌。因此，珠峰旗云也有着“世界最高的风向标”之称。

当珠穆朗玛峰第一次被发现时，它就成为攀登爱好者渴望征服的对象。然而，海拔高达 8800 多米的山峰，巍峨雄壮，岩壁陡峭，沉积千年的冰雪光滑无比，加之变化多端的天气，让无数攀登者望而生畏。只有大无畏者才有征服这座世界第一高峰的勇气。1953 年，英国人埃德蒙·希拉里、丹增第一次成功登顶珠峰，此后的数十年里有上千人成功攀登珠峰，并发现和开辟了 11 条登山路线。在这些不断登顶的过程中，大约有 10% 的登山者不幸遇难，但是这并不能阻挡人们渴望登上顶峰的热情，正如英国登山家乔治·马洛里所说：“因为它在那里。”虽然他在 1924 年第三次攀登珠峰时遇难，却也代表着人类挑战自我、挑战极限的伟大精神。

珠穆朗玛峰，每一个走近它的人仰望着、注视着那一抹神圣、洁白，都会留下无尽的感慨和叹息。远古的呼唤，千年的期盼，都融化在久久不能忘怀的记忆里，随着旗云悠悠飘荡在天地间。

摄影小贴士

地理位置： 西藏自治区日喀则地区定日县中尼边境处

最佳时节： 4 ~ 6 月、9 ~ 10 月

最佳美景： 日出、日落、云雾、山峰、寺庙

拍摄建议： 珠穆朗玛峰的旗云、金山是不可错过的奇景，绒布寺旁的小山包、观景台都是绝佳的拍摄位置。

进入珠穆朗玛峰大本营必须经过蜿蜒曲折的盘山公路。

高耸入云的群山，波澜壮阔，蔚为壮观。

第三章 恍如梦境的诗情画意

呼伦贝尔草原 绿色净土

呼伦贝尔大草原，这片位于大兴安岭西侧的绿色王国，是目前中国保存最完好的草原。一望无际的茫茫绿色净土，充满着生命的色彩、自由的气息，令人窒息、令人震撼。湛蓝的天空，洁白的云朵，碧绿的草原，奔腾的骏马，清新的空气，一切的一切都令人心潮澎湃，对自由的极度渴望，再也束缚不住，早已飞往这如画的风景中，自由的天地间，尽情地呼喊，肆意地驰骋。

“蓝蓝的天上白云飘，白云下面马儿跑，挥动鞭儿响四方，百鸟齐飞翔。要是有人来问我，我就骄傲地告诉他，这是我的家乡……”这是一首广泛流传的歌曲，平淡无奇的歌词将呼伦贝尔草原优美的景色生动地描绘了出来。呼伦贝尔草原因呼伦湖、贝尔湖而得名，它们枕卧于大兴安岭的西侧，面积广阔，水草丰茂，如一片绿色的净土，是有名的“牧草王国”。

清澈的溪水在草原上蜿蜒而过。

美丽的呼伦贝尔草原被称为“千里草原铺翡翠”，放眼望去，湛蓝的天空中些许白云悠闲飘荡，犹如巡视的牧马人在看管吃草的马群。远处白色点点是牧民们居住的帐篷，烟囱中升起了袅袅炊烟，偶尔传来牧民欢快的歌声，近处群群牛羊悠闲漫步。充满活力的骏马在草原上自由自在地奔跑，远处隐隐约约传来牧民嘹亮的歌声。

夕阳下的蒙古包在静静地等待着牧人的归来。

在青青的草原上，被称为“天下第一曲水”的莫尔格勒河宛如一条从天上坠落的玉带，蜿蜒绵长。水深不过尺余的河水清澈见底，微波荡漾中浮起的是蓝天白云的光影，不时会有游鱼轻轻掠过，转瞬便无影无踪。每当春夏之际，两岸绿浪滚滚，林木葱郁，蜂飞蝶舞，不知名的野花开满山头；金秋季节，层林尽染，草木尽黄，夕阳斜晖下的牛羊也被染上了灿灿金黄；冬季的时候，飞舞的雪花为草原穿上了崭新的冬衣，到处都是圣洁的白色。蜿蜒的莫尔格勒河就像跌落人间的宝镜，明净而秀美，滋润着这片碧绿的大地。

呼伦湖，又叫呼伦池，这里有呼伦贝尔草原最美的景色，也是呼伦贝尔草原的标志之一。呼伦湖是我国第五大湖，为半咸半淡水湖，呈不规则长方形。关于呼伦湖和贝尔湖，还有一个凄美的传说。相传，呼伦与贝尔是一对恩爱的情侣。有一天，妖魔看上了呼伦的美貌，于是抢走了她。贝尔追赶妖魔并与其拼杀，在危难之际，呼伦欺骗妖魔说：“你头上的明珠若给我一颗，我便

秋天的呼伦贝尔草原是一片金色的海洋。

摄影小贴士

地理位置：内蒙古自治区大兴安岭以西

最佳时节：5～10月

最佳美景：草原、呼伦湖、民族风情

拍摄建议：莫日格勒河上游是拍摄草原风景的最佳地点，草原上的日出、日落是最好的拍摄素材。

嫁给你。”忘乎所以的妖魔就把头顶上两颗明珠中的一颗给了呼伦，呼伦把明珠吞进肚子里化作湖水。贝尔在妖魔威力减小的时候，趁机射杀了妖魔，获得了另外一颗明珠。满心欢喜的贝尔带着明珠去寻找他心爱的姑娘，但此时的呼伦已经变成一汪清澈的湖水，伤心欲绝的贝尔也吞下明珠，化作贝尔湖，与呼伦一起守护着他们的家园。

呼伦湖有一种远离尘嚣的静美，站在湖边，水面辽阔，碧波荡漾，天水一色，微风夹杂着花香飘过一望无际的原野，不时还有身姿矫健的海鸥掠过湖面……犹如一幅绝美的画卷让人心旷神怡。

捧起一碗马奶酒，一饮而尽，和蒙古族的小伙比比摔跤，再跨上骏马，奔上远处的山峰，追逐天边的彩虹，听悠扬的马头琴在草原上回荡，再惬意不过了。夜晚降临时，星辰点缀的夜空下，篝火熊熊，人们开始相拥跳舞，尽情地歌唱，忘情地歌唱，似乎一切的烦恼都已烟消云散。

在这片广阔的草原上，天似穹庐，笼盖四野，放飞大脑，肆意驰骋，只有此时此刻才可以真正地放松自己的身体，与蓝天白云、草原大地融为一体。“极目青天日渐高，玉龙盘曲白妖娆。无边绿翠凭羊牧，一马飞歌醉碧霄。”浩瀚无边的大草原，雄鹰翱翔，骏马奔驰，那份超然与洒脱在脑海中久久挥之不去。

辽阔的草原上骏马奔腾。

那拉提草原 梦幻的空中草原

那拉提草原，世界四大高山河谷草原之一，自古以来就是游牧民族繁衍生息之地，更是著名的牧场。这里河谷幽深、高山俊秀、河流纵横、草原广阔、林木茂密，再加上遍地盛开的野花和成群的牛羊，处处都是令人心旷神怡的美丽风景，宛如长廊般的立体画卷。

三面环山的那拉提草原，像是点缀在天地之间的一块翡翠。

“那拉提”在蒙古语中是“太阳”的意思。传说曾经的蒙古首领成吉思汗西征时，有一支蒙古军队途经此地，当时正好是春天，山中却是风雪交加，寒冷的天气再加上疲惫不堪的身体，使他们面临着绝境。不曾想翻过山岭，眼前却忽现一片辽阔的草原，密密分布的泉水发出“泠泠”的响声，犹如进入了桃花源般的仙境，人们不由得大叫“那拉提，那拉提”。于是，“那拉提”便成为这片草原的名字。

那拉提草原三面都是山，清澈的河流在这里蜿蜒穿梭，它就好像一块纯净的翡翠点缀在天地之间，明亮而动人，“三面青山列翠屏，腰围玉带河纵横”正是对那拉提草原生动的写照。重重叠叠的山峰、莽莽苍苍的水草，澄澈明净的天空偶尔有白云飘过，对它的了解越深，越是能够发现那拉提的美，它如同一幅徐徐展开的画卷，厚重的历史文化和独具特色的民族风情使这里更富魅力，勾动人们的心弦。

晚霞满天的那拉提草原无比的璀璨美丽。

走进美丽的那拉提，草原上那种浓郁的绿令人晕眩、震撼。那醇厚的绿色如同真正的祖母绿，目击那一瞬就已经俘虏了你的心；那草原的绿又好像无瑕的翡翠，仿佛在空气中轻轻流转着，流进你的眼睛里，流进你的心坎里。

那拉提是宁静的，也是恬美的。它静得让人淡然，美得让人窒息。漫步在绿波荡漾的大草原上，极目远眺，碧蓝的天空飘过朵朵白云，灿烂的阳光穿过厚厚的云层射下万道光芒，为草原披上了一层金黄色的外衣；牧民赶着羊群渐渐没入天际线，袅袅炊烟徐徐而升，画出一抹悠然的淡泊；一座座毡房好像一朵朵盛开的洁白小花点缀在宽广的绿毯上，十分醒目；山泉不经意地从岩隙间汩汩冒出，肥壮的马儿慵懒地在草原上闭目养神，一切都是那么的悠闲宁静。一山四季，是那拉提高山河谷草原的一大特色景观，远处天山山顶白雪皑皑；山坡上长满了翠绿的雪松，山底下是夏季绿草如茵的草地，上面点缀着各种不知名的小花；山顶上融化的雪水，缓缓流淌着，碧幽清澈的河水最后流入了伊犁河……

冬季的那拉提另有一番别致的美景。那无边无际的白雪覆盖了整个世界，草原变得一片纯洁，挺拔的松柏在渐渐变高的山坡上相互融合成林海，碧绿色的海洋与雪白的山峰相互映衬，绿者愈发显绿，白者更增其白。

夜幕来临，当最后一缕霞光隐没在山后时，那拉提是那么的平静温柔。居住在这里的哈萨克人民热情好客，散发着浓浓香味的奶茶是在他们招待尊贵的客人时才会捧出来的。还有香飘四溢的烤全羊和美酒都是令人难忘的美食。在悠扬的歌声中，哈萨克人和游人一起跳起了舞蹈，不时传来阵阵欢声笑语。

悠远宁静、清新自然的那拉提草原莽莽苍苍、一望无际，却又充满生机，无论是徜徉在它宽广的怀抱里，还是悄然没入到古木参天的森林中；无论是穿梭在幽深静谧的峡谷之中，还是融入热情似火的哈萨克族的人群里，总能让人陶醉于它纯美的意境，让人体会到自然的甜美和宁静。

摄影小贴士

地理位置：新疆伊犁哈萨克自治州新源县那拉提镇

最佳时节：6～9月

最佳美景：草原、毡房、林海、雪山

拍摄建议：从那拉提度假村沿山路南行，翻过阔克秀山口可拍摄到“空中草原”般的自然景观，巩乃斯国家森林公园的河谷也是最佳拍摄地段。

肥壮的牛羊慵懒地卧在草地上。

坝上草原 天上人间

春天的坝上草原生机勃勃，洋溢着生命勃发的气息。

坝上草原是一个神秘而又美丽的地方，山带将这里一分为二，山上为坝上，山下为坝下。走进坝上，扑面而来的是一股清新的青草香和辽阔无垠的蓬勃的绿，瞬间就会让你忘记都市的喧嚣与烦恼，尽情地、自由地呼喊与奔跑。

坝上草原有着最美丽的风景。春天的时候，草原上的一切都从沉睡中苏醒过来，一片盎然的生机；夏天的时候，苍穹压顶，天空好像和大地连接在了一起，难分彼此；秋季的时候，坝上是五颜六色的世界，有淡颜色的黄松、红色的五角枫和柞树，浓重的色彩就好像调色盘染成的旖旎世界；冬天的时候，漫天的飞雪覆盖了草原，整个大地都是纯洁的白色，世间万物异常静谧。

作为丰宁京北第一草原，这里没有酷暑盛夏，茂密的青草可以长到齐肩的高度，到处都是成群的牛羊和奔腾的骏马，清澈的溪水缓缓流过，草原上盛开着五颜六色的花朵，红的似火、白的似雪、蓝的似海。微风吹过，送来淡淡的清香，四下眺望，一片碧绿望不到尽头，远处的点点白色是蘑菇形状的蒙古包，就好像碧绿丝带上点缀的精致白花。远处成群结队缓缓向前移动的牛羊，是坝上一道美妙的风光，因为有了它们，坝上变得更加美丽、可爱。

坝上初雪。

每年的七八月份是草原上非常美丽的时节，而最令人尽兴的便是骑上骏马，在无边无际的大草原上纵情驰骋。马儿兴奋时，会由着自己的性子在草原上撒欢儿，或嘶鸣声不断，或低头不语，而马蹄踩着草地一路疾驰而去的“嘚、嘚”声却是丝毫不曾间断。这时的自己则是无比风光，英雄豪迈之情油然而生，仿佛正置身于古战场，已纵身上马进行保家卫国的战斗去了。当马儿跑累了，便会慢慢减速，不紧不慢地迈着步子，悠闲地驼着你四处溜达。远处，碧绿的草原就好像是绿色的海洋，高处的小丘、低处的平地形成起起伏伏的线条，站在高处俯瞰，就像一波又一波的绿色波浪从天边涌过来，所有的一切都充满了旺盛的生命力，白色的牛羊在草地中若隐若现，“风吹草低见牛羊”的画面就在眼前徐徐展开。所有的一切都是那么的安静美好，一切压力都在眼前这片柔美的大草原里得到了释放。

夜幕降临之时是草原最迷人的时刻。一轮明月当空照，万点星空布穹庐，南来北往的客人们围坐在烧得旺旺的篝火旁，或饮或唱，或弹或跳。热情的蒙古族人早就准备好了丰盛的晚宴，在悠扬的曲调中，欢乐歌唱，尽情释放快乐。夜深时，独坐在草原

坝上秋韵。

摄影小贴士

地理位置：泛指张家口以北 100 千米到承德以北 100 千米处

最佳时节：5 ~ 10 月

最佳美景：草原、溪流、日出、白桦林、民族风情

拍摄建议：夏季草原上的花海、7 ~ 8 月的油菜花和 9 月的白桦林都是摄影创作的佳景，晴天适合拍宏观景象，阴天也可拍“风吹草低见牛羊”的壮阔景观。

上，仰望深邃的星空，低吟一首奇丽的小诗，自饮自乐，独自思索，细细品味草原的寂静之美和草原之夜的浪漫情趣，也不失为一种妙趣。

凌晨的草原另有一番特色。踏着细软潮湿的草毡，聆听百鸟婉转动听的歌声，草原的空气清新自然，一轮鲜艳的红日跃出地平线，当第一缕阳光射入眼睛时，眼前的一切都变得金灿灿了。红彤彤的云霞被镶上了一道金边，渐渐地，又晕染开来，把整个天空染成了金色。晶莹的露珠在碧绿的草尖上慢慢地滚动下来，落在地上碎成了无数颗闪烁晶莹、透着青翠的绿意的珍珠。

蜿蜒的闪电河就好像一条透明的玉带在碧绿的草原上延伸向远方，最后汇聚成微波荡漾的闪电湖，那里的湖水十分清澈、纯净，水底的水草清晰可见，鱼虾在湖水中自由游弋，各种水鸟飞掠湖面，轻点芦苇，为原本静止的画面增加了一种灵动。

笔直挺拔的白桦树是这里的精灵，显示出卓尔不群的气势，阳光从重叠的树叶间洒下斑驳的影子，修长的树干如同精心装扮过的少女，色彩绚烂的枝叶为草原增添了丰富的色彩，向人们展现了草原最美丽动人的秋景图。

坝上草原，一处远离城市的喧嚣与浮华的清净之地，一幅牧马放牛羊的草原风情图，宁静祥和的氛围使人们得到了身心的放松，人人都可以在辽阔的草原上自由畅想。

一匹匹矫健的骏马在草原上悠闲地散步。

若尔盖草原 高原上的绿洲

位于川西北地区的若尔盖草原，如同一块绚烂夺目的绿色丝绸坐落在群山的怀抱中，素来被称为“川西北高原的绿洲”，有一种宽广的美。蜿蜒曲折的河流、星罗棋布的湖泊，使得草原拥有无穷的生机与活力，葱郁的树木、丰盛的牧草、健硕的牛羊，使这里的牧民们生活得宁静安详。

九曲黄河第一湾。

来到若尔盖草原，第一眼看到的是蓝天白云和绿草，第二眼看到的则必然是黄河第一湾。和我们常见的宽阔蜿蜒的黄河不同，刚刚从源头涌出的黄河在这里非常平静缓慢，轻柔地抚摸着美丽的若尔盖，随后沿着地势出现了第一个大拐弯，完美的弧线就深深地印在了辽阔的天地间，仿佛一条巨龙从绿波中腾出，飞向远方。第一湾地势平坦，水流舒缓，岸边柳树成林，优美宁静。绿绸缎上耀眼的宝石，就是若尔盖草原上的各种湖泊，每一泓碧波都映着白云和蓝天的倒影，偶尔也会有几只飞过的天鹅入景。由于湖泊多，若尔盖草原有着十分丰盛繁茂的水草和种类繁多的动植物，因而这里的畜牧业很发达，这里盛产名马和牦牛，有名的唐克马和墨洼牦牛就出自这里。

草原上晴朗的天空如同一块没有瑕疵的蓝宝石，异常纯净，变幻着形状的云彩在天空中缓缓浮动，有时候像调皮的小羊，有时候像极了可口的冰激凌。辽阔的草原好像一眼望不到尽头，零星地散布着蒙古包和成群结队的羊群与奔驰的骏马。这里没有快节奏的生活和匆忙的脚步，有的只是闲适和快乐。

当春天来临的时候，万物复苏，冰雪也开始慢慢地融化，此时的若尔盖草原又换了一幅面貌，嫩绿的青草长出嫩嫩的幼芽，在春风中随风飘荡。不远处白色的蒙古包在碧绿的草原上十分醒目，宛如点缀在绿色丝带上的小白花，清雅而美丽。无拘无束飞奔的骏马令人无限向往，隐隐约约传来嘹亮的歌声，宛转悠扬的曲调在耳边不断地回响，十分动人。

春季到来，草色青青。

若尔盖的夏天是一个水草茂盛的季节，若此时你来到草原，就会被绿色的海洋所包围。微风带起阵阵的绿浪，远处成群的牛羊隐隐可见，正如诗人笔下“风吹草低见牛羊”的美妙意境。零星散落的蒙古包里升起袅袅炊烟，为这洁净之地增添了许多生活的气息。夏夜的若尔盖草原一片静谧，皎洁的月光在夜幕下散发着迷人的光彩，清风徐来，微黄的灯火摇曳不停，幽幽虫鸣和萋萋芳草是何等的静谧美丽。月色下的草原与白天的草原迥然不同，宁静、祥和之感更甚。与大都市里朦胧、昏黄的月亮不一样，草原上的月亮十分皎洁，就好像大大的圆盘高挂在天空中，为草原披上了一层银纱。

秋天的草原到处都是金黄色的，天空是疏阔的，云朵是洁白绵软的，极目远眺，一眼望不到尽头。连绵的群山此时也换下了碧绿的衣裳，披上了金色的秋装。被成熟的草籽压弯的穗头随着秋风摇晃，好像在对每一位游人说着“欢迎欢迎”。

寒冬降临后，喧嚣的声音渐渐消失，人们在炉边烤火，跳舞唱歌，享受着短暂的闲歇。之后草原就进入了冬眠的状态，窗外狂风呼呼地刮着，白雪像棉被把入梦的大地紧紧裹起来，等待下一个春天。

若尔盖草原，西北高原上一颗夺目的绿宝石，一片纯净的绿色海洋，不管是动是静，那坚韧的生命和广博的胸怀皆是对生生不息的生命的诠释。也许每个人的心中都藏着一片自然的绿色，那是属于自己的生命之源，就像草原上四季交替，生命轮回一样。

摄影小贴士

地理位置：四川省阿坝藏族羌族自治州

最佳时节：5～10月

最佳美景：草原、九曲黄河第一湾、晚霞

拍摄建议：春季的若尔盖是不可多得的美景，夏季的绿意和秋天的秋色都是最佳的拍摄景致，九曲黄河第一湾更是不容错过。

夕阳下的若尔盖宁静悠远。

巴音布鲁克草原 富饶之地

位于新疆巴音郭楞蒙古自治州和静县西北的巴音布鲁克草原是我国的第二大草原，海拔 2500 米左右，四周环绕着众多的雪山，因而这里有着充足的水资源。在蒙古语中，“巴音布鲁克”就代表着“富饶的泉水”的意思，丰盛的水草使这里的畜牧业十分发达。

巍峨壮观的大山好像一柄刀斧把草原切割成两个盆地，这里不仅有明净的开都河，还有着天鹅聚集的天鹅湖，秀美中带着浓浓纯净的气息。优雅的天鹅在这里无忧无虑地休憩、玩耍，简直就是一片世外桃源，手中的相机一定不要错过如此秀美的风景。

因为地势的原因，这里没有挺拔的树木，只有碧绿的、望不到边的“苏油草”，在蓝天白云下呈现出勃勃生机。山上融化了的冰雪和细雨的滋润使这里汇集了很多湖泊和沼泽，还有曲折蜿蜒的河流，于是就有了开都河的“九曲十八湾”。辽阔的天地间，

天鹅们的乐园——天鹅湖。

高山草原显得更加旷远，蜿蜒而去的河流如玉带飘摇，令人心旷神怡。

远处披着霞光的晨露，晶莹透亮，在阳光下折射出七彩的光。马匹在小丘上吃草，偶尔还会传来它们的欢快的鸣唱声，山坡下躺着几只慵懒的奶牛，它们成为流动的风景，让草原显得愈发富有生趣。太阳破开天边的云彩，从一只橙色的橘子，慢慢变成一团熊熊的火焰，草原上的风景便也随着光线的强弱，变幻莫测，呈现出多面的风情。

黄昏时分，夕阳余晖映照下的巴音布鲁克大草原景色尤其瑰丽。“落日熔金，暮云合璧”，九曲十八弯的开都河像一条舞动的长蛇，缓缓爬行在茫茫草原上。牛羊马匹四散开来，悠闲地吃着草，时不时停下来转头望一望即将沉没到地平线以下的夕阳，仿佛知道夕阳完全沉没后就是归圈歇息的时刻了。雪白的蒙古包此刻也被夕阳涂成了橘褐色，远远望去，像一个个大蘑菇卧在山坡上。身姿矫健的牧者骑在马背上来回奔跑，时不时打一个响亮的呼哨，甩一记长鞭，把四散的牲畜慢慢驱赶到一起。因为，草原的夜马上就开始了。

夜幕下的草原向人们展现出迷人的另一面，漆黑的夜空中，星光点点闪烁，像极了在不停眨动的明亮的眼睛。月光分外明亮，银色洒满一地，山和草原都蒙上了一层幽幽的光晕，影影绰绰，神秘诱人。美丽而又宁静的夜晚引起人们几多遐思、几多感慨。远处，传来几声狼的呼号，寒风瑟瑟，然而草原的热闹才刚刚开始，马头琴声响起，人影攒动。粗犷的歌舞是草原民族最热情的待客礼仪，还有香喷喷的牛羊肉和醉人的马奶酒，快乐的气氛感染着所有的人，使那些烦恼和忧愁都随风飘散，只余一片欢声笑语。

摄影小贴士

地理位置：新疆维吾尔自治区巴州和静县西北天山腹地

最佳时节：4～10月

最佳美景：草原、开都河、天鹅湖

拍摄建议：仲夏之际，那一望无际的绿草地、玉带般的“九曲十八弯”、天鹅湖中栖息的野天鹅、青山勾勒的一线天都是可拍的美景。

在巴音布鲁克草原上骑马漫步或肆意驰骋，都是十分惬意的事。

“落日熔金，暮云合璧”，九曲十八弯的开都河像一条舞动的长蛇。

西双版纳 动植物王国

西双版纳，一个神秘的绿色王国，一个多彩的生物世界，婀娜多姿的傣族风情将你重重包围，使你深陷其中不能自拔。

西双版纳就像一个百宝箱，里面珍藏着无数的奇珍异宝，温暖的气候和湿润多雨的天气是这里生态系统保存完整的有利条件，丰富多彩的动植物世界，使它拥有“动植物王国皇冠上的绿宝石”的称号。

西双版纳是一个可以尽情发挥想象的地方，数千种动物在这里出没，有些比较常见，而有的则是十分罕见的珍稀物种。这里有多种国家级的保护动物，如金钱豹、亚洲象、小灵猫等。若你喜爱那些美丽、可爱的动物，就一定不要错过这里。

除动物外，西双版纳也有很丰富的植物资源，多达数千种，有些是非常罕见的品种，甚至是濒危的物种。此外，还有上千种植物尚未被人们所认识，植物物种之多实属罕见。

西双版纳是一幅充满了绚丽色彩和勃勃生机的美丽画卷：茂密的原始森林，各色花朵悄然绽放，大象、孔雀在林间悠然地漫步，洁白或金黄的佛塔若隐若现，唱着欢快歌曲的傣族姑娘不时地从你眼前走过，留下阵阵清香……

精彩绝伦的大象表演。

在这里，动物才是主角，蜥蜴、鹦鹉和在树林间跳来跳去的松鼠，还有精彩绝伦的大象表演，给人带来了无限的快乐。如果这个就令你啧啧称奇，那么神奇的百鸟园则会更令人惊叹。百鸟园里的鸟都是生活在亚热带地区的珍稀品种，一只只可爱的小精灵在园里翩翩起舞，啾啾鸣叫。一进园内，你立刻就能感受到它们的“热情好客”，色彩斑斓的鹦鹉嘴里不停地叫着“你好，你好”，其他鸟儿则招呼也不打，径直向你手中的鸟食发起“进攻”，在你手心轻轻地啄个不停，让你觉得痒痒的，暖暖的。

沿着林间小路不断向前，各种各样的植物一一展现在眼前，有娇艳的美蕊花，有美丽、淡雅的薰衣草，还有妖娆曼妙的曼陀罗……如此丰富多彩的植物家族令人大开眼界。还有造型十分奇特的王莲，它的叶子就好像一个巨大的绿色圆盘，总是静静地漂浮在水面上。

漂浮在水面上的王莲，像极了绿色的巨大圆盘。

摄影小贴士

地理位置：云南省西双版纳傣族自治州

最佳时节：10 月至次年 6 月

最佳美景：热带雨林、野象谷、百鸟园、傣族园

拍摄建议：野象谷是必去的摄影之地，各色的动植物、金碧辉煌的寺庙、当地特色的民居、独具风情的文化习俗都是值得留念的。

“不看望天树，白到版纳来。”望天树主要分布在勐腊自然保护区，是典型的热带树种，它们对环境要求极为严格，数量稀少，为国家一级保护植物。几十米的高度使望天树成为热带雨林中的霸王，被称为“雨林巨人”。站在树下，抬头仰望树顶，即可望到天空，因此得名为望天树。望天树树干十分高大挺拔，几入云霄，茂密的枝叶舒展伸开，就好像巨大的绿伞，可为人们遮挡酷暑。

在西双版纳除了美景，还有独特的民族风情。这里有许多少数民族的同胞，有傣族，有布朗族，还有哈尼族等，他们独具特色的文化和民族习俗吸引了众多的游人。泼水节是傣族最著名的节日。每年 4 月份，家中的老少年幼都会穿上为泼水节准备的服装，随着悠扬的旋律一起快乐地起舞。除此之外，这个时候还有精彩的赛龙舟和丢包的活动。不过，最热闹、欢快的活动还要属泼水活动。泼水活动一般有两种形式，拿根树枝蘸一些水然后轻轻地洒在其他人身上，这种泼水方式叫作文泼。既然有文，那就必定有武。武泼就是将满满的一盆水全部泼到别人身上。在这一天，被泼水越多的人，就意味着这一年会拥有最美好的幸福。这个节日表达了傣族人期望自己的族人永远幸福安康的美好愿望。

在这片绿色的海洋里，每一棵树木、每一处花草、每一个跳动的精灵都散发着绚烂的气息，让漫步其中的游人沉醉不已。如果你的西双版纳之旅已在安排好的计划里，那就别迟疑，赶紧行动，用相机收获每一处动人的景、记录每一次的欢乐吧。

西双版纳地处热带，物种丰富，是一个绿色的海洋。

香格里拉 东方的天堂

“太阳最早照耀的地方，是东方的天堂，人间最圣洁的地方，是奶子河畔的香格里拉。”詹姆斯·希尔顿在《消失的地平线》里这样写道，描绘出一个永恒平和的香格里拉，这里远离世俗繁华，是一个真正的“世外桃源”。在藏语里，香格里拉的意思是“心中的日月”，所以香格里拉是因梦而生的，那里的一切都像是在梦境中一般。这里妙趣天成，人与自然和谐相处，来到这里，你那疲惫的身心都将被纯净的天空、清新的大自然净化，并获得心灵的宁静与祥和。

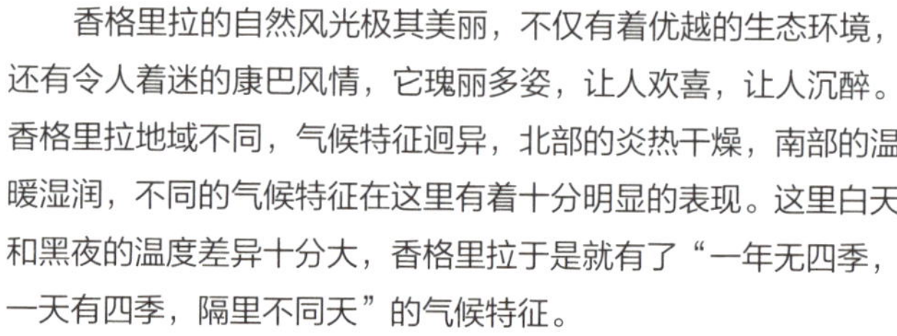

山脚下的小村庄宁静祥和。

香格里拉的自然风光极其美丽，不仅有着优越的生态环境，还有令人着迷的康巴风情，它瑰丽多姿，让人欢喜，让人沉醉。香格里拉地域不同，气候特征迥异，北部的炎热干燥，南部的温暖湿润，不同的气候特征在这里有着十分明显的表现。这里白天和黑夜的温度差异十分大，香格里拉于是就有了“一年无四季，一天有四季，隔里不同天”的气候特征。

数千米的海拔落差使这里的地貌既有让你心动的高原、山地，又有让你体会到淳朴的河谷、盆地，还有辽阔的草原任你奔跑，红的、黄的、粉的花朵漫山盛开，点缀在碧绿的草丛中，煞是艳丽。清澈的湖水边是成群结伴的牦牛，它们正悠闲自在地享受着明丽的阳光和清新的空气。山脚下零零散散地分布着几处宁静祥和的小村落，夕阳斜下，烟囱中升起的袅袅炊烟在空气中飘荡，地面上那长长的倒影，是归家途中的村民以及成群的牛羊。

神圣洁白的哈巴雪山。

香格里拉被誉为人间的天堂，有很大的原因与这里连绵的雪山有关。纳西语“金子之花朵”的哈巴雪山以及闻名遐迩的梅里雪山群，远远望过去，神秘而圣洁，凭空让人生出庄严肃穆之感。洁白的哈巴雪山的上面十分平缓，相对于下面来说则尤为陡峭，主峰犹如众星捧月般矗立在中央，傲然立于天地之间，在蓝天白云的映衬下，云雾缥缈，雄伟中透着秀气。哈巴雪山与玉龙雪山遥相呼应，冬季是最好的攀登季节。在海拔4000多米的黑海大声咆哮，刚开始是微微细雨，不一会儿就逐渐变成了倾盆大雨，这犹如雷公电母“呼风唤雨”的奇特景观令人叹为观止。

在这片人间天堂般的梦境中，除了清新、靓丽的自然美景，高伟雄壮的连绵雪山，也有着以惊险称奇的大峡谷。梅里大峡谷、虎跳峡和澜沧江大峡谷，都是世界级的既深又险的大峡谷。以“险”著称的虎跳峡，峡谷长17千米，两岸雪山海拔均在5000米以上，山高谷深，水流湍急，气势雄伟，蔚为壮观。虎跳峡不仅是中国最深的峡谷之一，也是世界上最深的峡谷之一，峡谷内连续7个下跌的陡坎，落差达216米，汹涌波涛，仿佛要吞噬掉前路上的一切，浩大的水流撞击声，数里外都可闻，真可谓惊心动魄。

香格里拉的神秘不止在于神圣的雪山，还在于其深处的属都湖、纳帕海等清幽神秘的高山湖泊，它们是如此纯净，没有受过任何污染。那连绵不绝的草地，如同为大地铺上一层柔软的地毯，不知名的野花点缀其间，一派辽阔静美的草原风光。有“小布达拉宫”之称的松赞林寺更使这里充满了神秘气息。

摄影小贴士

地理位置：云南省迪庆藏族自治州香格里拉市

最佳时节：四季皆宜

最佳美景：哈巴雪山、梅里雪山、虎跳峡、松赞林寺

拍摄建议：拉姆央措湖是拍摄松赞林寺全景的最佳位置，古城后面白鸡寺所在的山峰是拍摄古城的好地方，日照金山和虎跳峡也是必拍的胜景。

松赞林寺仿造布达拉宫布局，建筑庄重严谨，素有“小布达拉宫”之称。

大兴安岭 绿色林海

郁郁葱葱的大兴安岭一望无际，被称为“金鸡冠上的绿宝石”，这里一年四季皆是翠绿，高低错落的山脉形成了大兴安岭连绵起伏的森林，风吹过时，如同浩瀚无边的汪洋大海中掀起了巨大的波浪，万叶萧萧，如同一曲交响乐回响在这片神秘的世界。

巨大而神秘的森林总是会孕育无数的生灵，数百种野生动物世世代代在这里繁衍生息，它们就好像一个庞大的家族，多达数千种的植被遍布在大兴安岭的每个角落，为动物们的生存提供了很适宜的环境。笔直挺拔的兴安落叶松是这里极为常见的树木，在陡峭的山岭上一层又一层地向远处铺展，俊秀的样子就好像一位身姿修长的绅士。

晨雾下的大兴安岭美如仙境。

四季的不同造就了大兴安岭风格迥异的美景。随着季节的变化，层层叠叠的林木仿佛变色的画布，春季的青翠、夏季的碧幽、秋季的苍黄以及冬季的洁白，在天地间轮回展示着自己优美的身姿。特别是在寒冷的冬季，大兴安岭的冬季来得早并且异常寒冷，飘飘洒洒的雪花笼罩着整个森林，原本潺潺不绝的河水也被冰雪覆盖，高耸的林木间悬挂着犹如玉条的冰凌，一个白雪皑皑、晶莹玉透的世界就这样出现在了世人的眼前，如此美妙的风景是无数摄影爱好者所追求的。

大兴安岭向东西延伸，十分广阔，在森林的深处隐藏着无数的美妙风光。这里有数个国家级景区，主要景点有胭脂沟、北极村等。每年有无数的游人和摄影爱好者来到北极村渴望邂逅最美的北极光。加格达奇北山公园和莫尔道嘎国家原始森林公园中有无数的美景，这些景色或雄奇壮丽，或清丽娟秀，不一而足。

在茫茫的林海深处，北饮泉泉水清澈甘甜，园林古色古香、流光溢彩。在药泉湖东南方向的北饮泉常常会汩汩地冒出气泡，如同沸腾的水。在树高林深的腹地还坐落着一座北方风格的园林，古典雅致的建筑与碧绿苍翠的树木交相掩映，还有嶙峋的假山和淙淙的流水，共同组成了一幅美妙的风景画。

大兴安岭的东南方向有连绵不断的青山岩臼，这些青山岩有着千奇百怪的造型，有的像极了大缸，有的像木桶，还有的像猴子……如丝如纱的瀑布、清澈的溪流、葱绿的树木等散落在各处，所有的一切都还保持着最原始的面貌。景区内，山峰连绵起伏、群峰叠嶂、犬牙交错，仿佛一道巨大的屏障阻隔着世外喧嚣。四周是连绵的峰峦，茂密的白桦林和紫桦林像勇猛的卫士一样坚定地守卫着这片圣洁之地。秋季的时候，这里的林木都染上了一层绚烂的颜色，到处都是明亮的金黄色和浓烈的红色，此时是大兴安岭最美的时节，也是拍摄的最佳时节。

大兴安岭，群山起伏、林海滔滔，一个美丽又充满了神秘色彩的地方，在林木的深处有无数的秘密等着被探索和发现，有无数的奇幻美景等着大家用相机去留下永恒的美。

傍晚的大兴安岭，晚霞映照天边，泛起的轻雾弥漫森林，格外美丽。

茂密的白桦林静立在河畔，意境萧疏寂寥，活像一幅油画。

摄影小贴士

地理位置：黑龙江省西部、内蒙古自治区东北部

最佳时节：6～8月

最佳美景：北极光、原始森林、北饮泉、冰雪风光、动物、河流

拍摄建议：北极村是中国唯一能看到北极光奇景的地方，一定不能错过；大兴安岭万里冰封的冬季最迷人，也最值得拍摄。

林芝 塞上明珠

在这个以雄伟壮丽、神奇诡秘的自然景观闻名遐迩的西藏地区，有着气势磅礴的圣湖长河、险峻陡峭的高山深谷、惊天动地的云崖飞瀑，更有着妩媚多情的桃花仙境。

进入美丽的林芝，一路进入你视野的都是如画般秀丽的风景，群山环绕中的林芝，如同一个温婉明媚的姑娘静静地绽放自己美丽的容颜，让人目不暇接，沉醉其中。苍松翠柏密布，把险峻的高山裹得严严实实，仿佛身披绿色的外衣，山顶的冰雪在阳光的照耀下愈加晶莹剔透。一眼望不到边的大峡谷里，雅鲁藏布江犹如天上坠落人间的碧色绸带，在峡谷中飘荡飞扬。谷中江水浩浩荡荡，奔流而去，时急时缓，被巨石激起的朵朵浪花转瞬在洪流中无影无踪。湛蓝的天空下，一望无际的碧绿毯上点缀着些许的花朵，成群结队的牦牛在草间悠然地散着步，洁白的羊群挤成一堆吃草，金黄色的油菜花在清风的吹拂中送来阵阵的清香，茂盛的青稞也随风涌起阵阵波浪。这是一幅难以描绘的自然画卷，美丽动人。

发源于喜马拉雅山北麓的杰马央宗冰川的雅鲁藏布江有着迷人的风景。

3 月的林芝，朵朵桃花盛开，嫩绿的柳芽随风摇曳，碧绿的江水倒映着巍峨的雪峰，繁盛的春景可与秀美的江南相媲美，怪不得林芝被称为“西藏的江南”。

在林芝巴宜区城东南方向有一处被称为桃花沟的天然野桃林，群山环抱中的它，林木终年苍翠葱郁，涓涓流水更是清澈透明。3 月中旬，寒气还未完全消散，雪峰上的皑皑白雪还在抓着寒冬的尾巴，桃花却早已耐不住寂寞，正尽情绽放，霎时间这里变成了花的海洋。争奇斗妍的粉嫩桃花，密密匝匝、层层叠叠，如美丽的朝霞，如绯红的云彩，漫步在桃花林中，犹如置身桃花仙境，落在肩头的花瓣还散发着淡淡的清香。远远望去，宛若山谷中升起了一片美丽的云彩，让人难以置信。

在那繁盛的桃花林中，还掩藏着一块块层层相叠、青翠欲滴的青稞地，远处还零零星星地散落着红蓝屋顶的村民房子。粉的花、绿的地、红蓝的房子，再加上静静流淌的河水和未融化完的雪山，正是一幅绝美的田园春景图，让摄影师和游客流连忘返。

抬头仰望眼前与天际相接的南迦巴瓦峰，白皑皑的山峰洁白而素雅，壮美的气势中增添了些许的清冷之美。云雾宛若白纱掩住了其容颜，真有些“犹抱琵琶半遮面”的羞涩。南迦巴瓦峰的真容总是若隐若现，云海潮生就更难窥见，所以使人着迷。此山是西藏林芝地区最高的山，海拔 7782 米，有“西藏众山之父”之称。

来到林芝，不能不品酥油香茶、不能不喝青稞美酒、不能不跳锅庄舞蹈。喝过酥油香茶、青稞酒，再随着那身着明丽服装的藏族的青年男女，加入舞动的人群中，在燃烧着的篝火中，忘掉忧愁与烦恼，把身心都交给快乐。那明媚的笑容、艳丽的服装、激情的舞蹈、粗犷的歌喉，自成一道令人沉醉的靓丽风景线，给予你永难磨灭的记忆。

林芝这片古老悠久的土地，历经四五千年的沧海桑田，依然不改初衷，不变容颜，犹如一曲悠扬的歌等待着人们去尽情欢唱，犹如一首美丽的诗等待人们去吟诵……

大江沿岸的坡地上，层层绿油油的梯田和繁花盛开的棵棵桃树组成一幅优美的田园风景画。

南迦巴瓦峰是林芝最高的山峰。

摄影小贴士

地理位置：西藏自治区林芝市

最佳时节：四季皆宜

最佳美景：桃花沟、雅鲁藏布江、南迦巴瓦峰、少数民族风情

拍摄建议：3 月盛开的桃花，7 月金黄的油菜花，秋天的枫叶，还有纯净湛蓝天空下的风景，都是摄影的极佳素材。

沙湖 塞上明珠

曾经有人这样描述沙湖："在北国，从未见过如此美妙的山水景观，不说是惊天之美，也够得上勾魂之妙……这是上天用五彩神笔为宁夏人勾勒出的一幅绝妙丹青，或者是盘古用巨剪从锦绣江南裁下的一块美妙春色，然后补贴到这遥远的塞上平原。"走遍天南地北，看过千山万水，沙湖的美妙，无论是与江南氤氲的秀湖相比较，还是以北方大湖的旷美来掂量，都可以说得上"天然风韵压群芳"，吸引着游人与摄影者纷至沓来。

沙湖是我国的"十大魅力湿地"，离黄河很近，既有广阔无垠的沙漠，也有清澈秀美的湖水。雄浑壮阔的景色中透着些许江南的柔美，被称为是"世间少有"的文化旅游胜地。

沙湖有着江南水乡的秀水，湖边停靠着精美庞大的龙舟。

晴空万里的沙湖，偶尔有奇形怪状的白云掠过，为湛蓝的天空增添了一丝趣味，颇有"半亩方塘一鉴开，天光云影共徘徊"的美妙之感。浩渺的湖水透着柔和的秀美，如同水润过的眼眸充满了灵动之美。泛舟湖中，清波碧浪，一圈又一圈的波纹在湖面留下美丽的痕迹，狭窄的苇巷，苇影婆娑，苍翠而又雄浑，映照在碧波万顷的湖水中翠意撩人。碧波之上，飘散着苇与荷的清香，不时有海鸥飞掠，在船上抛撒些食饵，众鸟争食，鸣叫四方，煞是壮观。

当船行到水面开阔之处，湖心处有一名曰“百鸟乐园”的小岛，这里云集了许多鸟类，鸟儿在这里可以自由地歌唱、翱翔。为此，岛上专门建造了观鸟长廊，尽头的露天网是鸟儿休息、繁殖的基地，当成群的鸟儿掠过天空，场面十分壮观。

沙湖的美充满了无限的魅力，这里既有烟波浩渺的秀美，也有沙和水相互依偎的奇妙景致。这里的沙和水就是彼此的另一半，是无法分开的，沙水相依共同组成了这里的美。沙湖的岸边有着壮观的沙峰，一座又一座的沙丘连接在一起，形成高低起伏的线条，就好像不断涌向岸边的波浪，一波又一波。沙湖的沙丘总是非常干净，仿佛没有一丝瑕疵，看着这柔软的沙子，只想脱了鞋袜在这里自由地行走。

这里洁净充足的沙子很适合制作沙雕，沙湖也因此成为国际沙雕大赛的比赛场地。许多来自世界各地的高手都在这里一较高下，并制作出造型各异的精美沙雕。这些沙雕有的细腻传神，有的简约有趣，令人叹为观止。

“峥嵘岁月竞风流，铁血丹心谱华章”，如今风景优美的沙湖并不是历史上的原貌，而是多年铸剑为犁、屯垦戍边带来的丰硕成果。农垦博物馆展示了茫茫戈壁变成丰腴沃土、盐碱荒漠成为塞上粮仓的艰苦历程。这里汇集了历代人多年农垦的精华，诉说着创业的艰辛和取得辉煌成就的喜悦。这里还有沙丘造型的湿地博物馆，以鸟类展览和普及湿地知识为主要内容。

滚滚的黄河奔流而去，耸立的沙峰遥望远方，静静的沙湖带着水乡的氤氲、荒漠的雄阔，打破时空的梦境，成为这片天地间一抹永不干涸的情怀。

摄影小贴士

地理位置： 宁夏回族自治区石嘴山市平罗县

最佳时节： 5 ~ 10 月

最佳美景： 沙雕园、农垦博物馆、湿地博物馆、鸟岛

拍摄建议： 要想拍摄沙雕就去国际沙雕园，拍摄各种鸟类就去鸟岛，沙湖沙水相融的自然景观亦值得一拍。

沙湖有国际沙雕园，里面各色精美的沙雕缤纷多彩。

沙丘造型的湿地博物馆，主要用以鸟类展览和湿地知识的普及。

沙坡头 塞上江南

远远望去，滚滚黄河如同金黄色的沙漠，雄奇壮丽。

王维一提笔，就把“大漠孤烟直，长河落日圆”一句经典，深深地嵌入了诗坛，那雄浑壮阔的意境每每读来都令人赞叹不已。夕阳西下，艳红的落日仿佛沉入滚滚的黄河，茫茫的沙海深处几缕青烟徐徐升起，在一望无际的黄沙中苍茫而绮丽。如同洪水猛兽的沙海带着惊人的气势向前滚动。突然间，一股神秘的力量像是扼住了沙海的喉咙，漫漫黄沙戛然而止，这就是黄河。堆积的黄沙犹如困兽，千百年来再也没有移动半步，仿佛凝固的雕塑，镂刻出了这叹为观止的沙坡头。

位于宁夏回族自治区中卫市的沙坡头以南的地方是蜿蜒起伏的香山，北边是无边无际的腾格里大沙漠，汹涌奔腾的黄河从中间穿越而过。沙坡头是我国第一个生态保护区，汇集了漫漫荒漠、碧绿草原、奔腾的黄河和险峻的山峰，不仅有塞外戈壁雄浑壮阔的美景，还有水乡的灵动秀美。

处于广袤的腾格里沙漠边缘的沙坡头，黄沙漫漫，细腻、柔软的细沙清纯干净，可以和最美的海滩上的白沙相提并论。“游遍中国万里路，长忆宁夏沙坡头”，来到沙坡头怎能不滑沙？沙坡头沙丘连绵，沙峰高耸，是一座天然的滑沙场地，接踵而来的游人从百米高的地方沙峰上快速滑下，十分地惊险刺激。黄沙在簌簌下滑的过程中传来了奇特的声响，如同沉闷的鼓声，与游人的尖叫声混合在一起就是一曲交响乐，这就是沙坡头的特色美景之一的“金沙鸣钟”。

很多人认为沙漠充满着神秘感，总想深入其腹地探一探究竟。沙坡头以北的地方紧紧挨着腾格里沙漠，浩瀚无垠的沙漠上有游人骑着骆驼缓缓行走，清脆的驼铃“当当”响，不时还会传来游人的欢声笑语。要想体验一番大诗人王维描绘过的大漠孤烟、长河落日，等到晴朗天气的傍晚，伫立沙峰，画景好似海市蜃楼一般呈现在眼前，如梦如幻。欣赏完沙漠的壮丽，还要看一看绿洲的清柔。在沙坡头的南面，汹涌的黄河阻挡了沙漠的前行，滚滚的黄河水孕育了一片片绿洲、湿地，它们共同守护这片土地，带来了丰饶和富足，因此也就有了宁夏“塞上江南”的美誉。

在沙坡头若是胆大想玩一番惊险刺激的项目，那就乘坐一次羊皮筏子吧。羊皮筏是割去头蹄后剥下的羊皮扎口吹气直至鼓起，

在沙漠中穿行的驼队。

唐代大诗人王维的雕塑。

宁夏沙坡头也有似江南水乡一样明秀水润的风景。

摄影小贴士

地理位置： 宁夏回族自治区中卫市西部

最佳时节： 7 ~ 11 月

最佳美景： 金沙鸣钟、治沙工程、滑沙场

拍摄建议： 辽阔壮美的大漠孤烟、长河落日奇观，以及黄河大转弯的美丽风光是必拍的，在悬索桥上还可拍摄滚滚黄河的壮观景致。

然后并列编排而成的排筏。羊皮筏因为简单的制作方法和轻便的有利条件成为沙丘上十分便捷的运输方式。在滚滚的黄河中，羊皮筏随着奔涌的河水浮浮沉沉，惊险异常，坐在上面的游人若是胆小，必会吓得惊叫连连。

沙坡头之所以名扬海内外，还有一个重要的原因就是这里的治沙工程。包兰铁路的修建使这里从原来封闭的状态逐渐对外开放，为了保护这条铁路线，沙坡头的人民创造性的以“麦草方格”成功制服了先前令人束手无策的沙漠，从而使这片黄色的土地上开出了绿色的花朵。

沙坡头的魅力并不仅限于自然景观的雄浑与壮阔，还有浓郁厚重的历史与神奇。2000 多年前汉武大帝在此屯兵戍边，筑堤引水，创造了黄河有堤坝引水的辉煌历史。“一代天骄”成吉思汗也在这里勒马回首，派军队驻守这里，沙坡头也成为他一生辉煌的终点。

坐在“沙漠之舟”的背上，跟着左右有节奏的步幅，进入沙海深处，放眼望去，金黄色的沙砾在灿烂的阳光下散发着炙热的气息，或高或低的沙丘分布在宽阔的沙海中，形成了曲折的线条，就好像细细的波浪。滔滔的大水从寒冷的高原奔来，一轮落日染红天际，仿佛河水与狂沙相斗时挥洒的热血，雄奇壮烈。

沙坡头由麦草方格组成的治沙工程是景区的重要景观。

毕棚沟 幽谷胜地

一直以来，毕棚沟都以其秀丽的山水风光、优美的生态环境吸引着无数游人来此游览驻足。同时，作为我国著名的红叶观赏胜地，它也备受众多摄影爱好者青睐。毕棚沟位于四川省阿坝藏族羌族自治州理县，景区内有茂密的原始森林、清澈如许的湖水、飞流直下的崖壁瀑布、冰清壮观的冰川……在这里，一切仿佛都是大自然精心雕琢而成，绝妙无比。

毕棚沟位于四姑娘山的北侧，因此也有人认为它是四姑娘山背着的花篮。在这个花篮里，各色花朵竞相开放，争奇斗妍，色彩艳丽。碧蓝的天空中，飘荡的朵朵白云像极了成群的绵羊在草地上漫步，远处的雪峰在阳光的照射下闪耀着金色的光芒。清澈的湖水在微风的吹拂下泛起阵阵涟漪，倒映着蓝天雪山，给沟谷送来丝丝的湿润。旁边火红的枫叶仿佛是夏日里燃烧的火焰，那深邃的红色仿佛要将人窒息了一般，如此美景让人舍不得放下手中的相机。

整个景区景观众多，大大小小、各级不同的景点有近百个，它们形态各异，各具特色，如同夜空中点缀的珍珠一般熠熠生辉。

巍峨的雪山色彩深沉与蓝天白云和皑皑白雪形成层次分明的美景。

摄影小贴士

地理位置：四川省阿坝藏族羌族自治州理县朴头乡梭罗沟境内

最佳时节：秋季

最佳美景：女皇峰、才女十二峰、冰川、瀑布、森林

拍摄建议：秋季是拍摄毕棚沟最佳的季节，角度以广角为主，要注意色彩的层次和搭配。

它们或是奇峰幽谷，或是清泉瀑布，或是森林植被，各种景色让人怦然心动，不忍离开。

假如毕棚沟是一幅山水画，那么雪山就是整个画作中最重要的景观之一。女皇峰、才女十二峰等雪山风光秀丽，树木茂密，千姿百态，有的势如擎天柱，笔直入云，雾色迷迷，有的群峰簇拥，交相辉映。绿树掩映中怪石嶙峋，妙趣无穷，如果拿黄山奇石与之相比，也在伯仲之间，不遑多让。除此之外，毕棚沟中的熊猫岭、神鹿峰、雄鹰岩、杜鹃山等山峰也是风光独具，美不胜收。由此产生的天狗望月、玉兔问天、下凡仙龟等景观让人心生叹服，乐不思蜀。

毕棚沟的奇峰异石固然好看，其冰川也别有特色颇可一观，如叉子沟冰川、倒钩万年冰川、燕子岩冰川等，在湛蓝天空、漫山红叶和幽碧湖水的映衬下异常壮观，仿佛是大自然经过亿万年的精心雕琢才以之示人的心爱之物。冰川下潺潺的溪水清澈如许，带着刺骨的冰凉从远古走来，浸润着这片乐土。

神鹿峰千丈瀑、大草片珍珠瀑、美人链瀑布、座棚大瀑布等也是不能错过的。与冰川凝固的姿态相比，它们却是动感十足，把水流奔放的一面展露了出来。借着山体的巨大落差，极力彰显水的魅力，仿佛一匹匹新裁出的白布遥挂前川，飞腾的气势和优美的体态惹人痴迷。沿途的岷江柏林、冷杉林也为之倾倒，宁愿千年伫立两岸，浏览这些流动的美景。

这里是多民族居住区，藏、羌和汉三个民族和睦相处，团结友爱，相互扶持。千百年来，他们共饮着岷江的水，就像一个大家庭一样。在悠久的历史中，他们勤劳勇敢，创造出了属于本民族的语言文字、宗教信仰和生活传统，形成了独特的民族文化。在这里，能真切感受到这种历史的厚重与丰满，以及文化的交融与共荣。游览毕棚沟的各色美景之后，再坐在点燃的篝火旁，闻着烤肉浓郁的香气，欣赏着奔放的歌舞，这种心情真是无以言表。

毕棚沟山色奇绝，水色无双，的确是人间仙境。

巴丹吉林沙漠 上天画下的曲线

对于一个摄影爱好者来说，想要拍摄出最美的景致，最关键的是要拥有一双发现美的眼睛。不论是巍峨的高山、潺潺的溪流、一望无际的青青草原，还是广袤无垠的沙漠，这些都是相机里所能包容的景物。想要拍沙漠美景，那么巴丹吉林沙漠似乎是最佳的选择。这里是我国第三大沙漠，其鸣沙声音之大、湖泊数量之多、海拔高度之高都为世界之最。在无边的荒漠中，深藏着不为人知的秀色，大自然的鬼斧神工在这里留下深刻的烙印，被誉为“上天画下的曲线”。奇峰、鸣沙、神泉、寺庙、驼铃……构成一幅曼妙的画面，充斥着一股忧伤孤寂的美丽。

走进巴丹吉林，满眼都是沙丘，如月似链，犹如大海中汹涌前行的层层巨浪，极具曲线美。在茫茫的沙丘中，位于沙漠深处的必鲁图沙峰鹤立鸡群，是世界沙漠第一高峰，多少年来鲜有人能够攀登。在强风吹拂下，沙粒波澜起伏，形成“沙浪”，异常壮观。在沙脊之间，有一个个大小不一的沙窝，沙窝中黄蒿、沙米和骆驼刺顽强生长，给荒芜的沙漠增添了些许生机。

摄影小贴士

地理位置：内蒙古自治区西部

最佳时节：8～10月

开放时间：全天开放

最佳美景：巴丹吉林沙漠、磨盘泉水、巴丹吉林庙

拍摄建议：拍摄时注意运用好光线，让沙漠的表现力更强；这里景色众多，需要耐心寻找特色地方和角度来拍。早晚是拍摄的最好时机，沙漠纹理曲线优美，非常入镜。

沙漠守护者——巴丹吉林庙。

鸣沙是巴丹吉林沙漠的“五绝”之一，众多山丘都可随风而鸣，被誉为“世界鸣沙王国”。高达200多米的沙丘形似陡峭的山峦，尖薄的沙脊好似锋利的刀刃，在外力的作用下沙子簌簌下滑，产生的轰鸣声响彻数十里，好似天雷滚滚。

站在高高的沙丘上极目远眺，如波似浪的沙丘层层叠叠。在这千里浩瀚的沙漠中，却分布着上百个湖泊、神泉。由于气候极为干燥，降水量极少，阳光强烈，湖泊多为咸水湖，但是依然不能阻挡生命的萌发，那里芦苇茂密，偶有水鸟飞来，有着“漠北江南”的美誉。在众多神泉中，音德日图海子的磨盘泉最为著名，被誉为“神泉”。这个不大的小岛上拥有上百个泉眼，均小巧玲珑，其中著名的磨盘泉就位于海子中凸起的石头上，因石头状如磨盘故得名磨盘泉。石头上泉眼密布，滚滚的泉水奔涌而下，晶莹澄澈，水质纯净，被称为“圣水”。

在沙漠的深处，巴丹吉林庙静静伫立，仿佛是这片沙漠的守护者正在默默地静守，在风沙的吹拂下略显孤寂和沧桑。寺庙建于乾隆二十年（公元1755年），为汉藏建筑风格相结合的产物，背靠沙峰，面朝海子，在一片荒凉之中显得静穆庄严，典雅精致，被称为“沙漠故宫”。巴丹吉林庙从始建至今一直伫立在沙漠中，漫天的黄沙也无法掩盖其面容，不仅是当地牧民心中的神圣之地，也是巴丹吉林沙漠的标志。每当夕阳西下，天边一片艳红，古庙静静地伫立在沙峰下，倒映在湖水中，偶尔几声清脆的驼铃声从远处传来，如梦如幻。

骑着骆驼漫步在赤黄的沙海，亲身感受那旷世的奇美，风中摇曳的驼铃，无处不在地昭示着巴丹吉林独特的风姿。

蜿蜒的沙丘峰波犹如不规则的曲线，构成一幅优美的画卷。

魔鬼城 戈壁滩奇观

大自然的无边伟力总是给世人留下深刻的印象，创造出令人瞠目结舌的景象，魔鬼城就是其中之一。这一处规模宏大、气势雄伟、千姿百态的城堡般的雅丹地貌，是风的创作，是大自然的无边想象，在《中国国家地理》“选美中国”活动中，被评选为“中国最美的三大雅丹”的第一名。

魔鬼城又称乌尔禾风城，位于新疆维吾尔自治区准噶尔盆地西北部的佳木河地区，维吾尔人称此地为“沙依坦克尔西”，意为魔鬼城。之所以称为魔鬼城，源于在这片茫茫的戈壁滩上充满着千姿百态、奇形怪状的景观，这些景观惟妙惟肖、琳琅满目，仿佛是神力的创造。而且魔鬼城四季多风，大风刮起时，狂风呼啸穿梭，黄沙遮天蔽日，同时还发出阵阵怪异的声音，如同鬼怪凄厉的喊叫，令人毛骨悚然。

魔鬼城是不允许游客私自进入的，在这茫茫的戈壁沙漠里，没有食物和水源，甚至连手机信号都无法连接，在分不清东南西北的情况下只能乘坐景区内的游览车按时进行参观。坐车行驶在魔鬼城，犹如置身于奇形怪状的山林里，但这座“山林”却没有

蓝天下，枯黄是魔鬼城的基调。

摄影小贴士

地理位置：新疆维吾尔自治区准格尔盆地佳木河下游乌尔禾矿区

最佳时节：6 ~ 8月

最佳美景：日出、日落、怪石、天柱

拍摄建议：魔鬼城的日落和晚霞特别壮美，一定不能错过；千姿百态的怪石、深浅不一的石层，要选好拍摄角度。

风沙侵蚀后的塑像—— 一吻定终生。

一点生命的绿色，满目赤褐色的焦土，仿佛一座废弃的砖窑厂，空旷寂寥、荒芜，无形中给人一种压抑之感，好似真的进入了魔鬼的城堡，惶恐不安中想要逃离。

倘能克服心中的恐惧，魔鬼城也可以像一个梦幻般的迷宫世界那样迷人。举目望去，密密麻麻的砂岩奇异形体绚丽多彩，构成一座座令人不可思议的景观。在这座巍然耸立的城堡里，聚集着世界各地的独特景观，大自然仿佛把这里当作一个雕刻的工厂，借助日夜不息的风力把一座座山丘、山石雕琢得奇形怪状，精妙绝伦；又好似一座私人收藏的宫殿，聚集着世界各地的景观、风光。“布达拉宫”“罗马斗兽场”“路南石林”“吴哥窟”……古今中外的名山胜迹应有尽有；“黄牛耕耘”“石猴观海”“吻定终身”“雄师横卧”“大鹏展翅”……各种各样的造景让人目不暇接。

林立的天柱，都是风的杰作。

大自然虽然看似冷酷，却也饱含柔情。如果说魔鬼城是一个拥有伟岸身躯的男子汉，那么艾里克湖就是一位娇小妩媚的女子。顺着魔鬼城山麓延伸出来的戈壁向东南行走十几千米就会来到艾里克湖，这里湖水碧波荡漾，风光秀丽，好似一颗沙漠中的明珠。“艾里克”是蒙语“酸奶”的意思，似乎寓意湖泊的甜美，也是当地人对湖水的赞美。湖水北面是绵延的沙漠荒原，南面芦苇丛生，绿草如茵，湖边湿地中水鸟嬉戏，周围散落着三三两两的蒙古包，偶尔会有渔人在湖中摇船划橹。和神秘压抑的魔鬼城相比，这里完全就是一派田园风光，保持着天然和纯朴。

晨光下的魔鬼城，一改往日的荒凉凄清，多了几分妩媚的风情。

实际上，魔鬼城在新疆还有两处，分别是吉木萨尔北部的五彩城和奇台将军戈壁北沿的一处。魔鬼城的形成源于独特的地形和狂劲不止的风，给了魔鬼城的“名”，并有了魔鬼的“形”。裸露的岩石由于风雨侵袭、狂风剥蚀被一 一雕琢，气象万千，令人想象不停，震惊不止。但正是这样的不经意和天长地久，创造了世界奇观，带给游人心灵的震撼。

杭州西溪湿地 诗画田园

杭州西溪湿地随着当年电影《非诚勿扰》的热播，进入了大家的视野，并逐渐被大家所熟知，成为另一个旅游者和摄影者的天堂。西溪湿地虽不像杭州西湖那样颇具盛名，却也有“虽无弱水三千里，不是仙人不到来”之说，深厚的历史文化底蕴和优美的山水风景，也使得西溪湿地另有一番独特的韵味。

摄影小贴士

地理位置：浙江省杭州市西部

最佳时节：四季皆宜

最佳美景：三堤十景

拍摄建议：春天和秋天是西溪湿地拍摄的最佳时节，初春有清香四溢的孤傲梅花，秋天有金黄的芦苇荡飘飞如雪。

西溪湿地临水而建的建筑。

杭州“三西”——西湖、西溪、西泠。迥异的风格使每个地方都具有独特的景观，其中西溪湿地是最为别致的一处，这里的湿地景观不仅融合了城市和生态，还加入了文化的气息，构建出一片自然与人文交织的诗画田园。杭州西溪湿地以优美的风景成为杭州最具有标志性的景点之一，它不仅向世人呈现着江南诗韵的传统古风，而且随着时代的变迁也重新融入了新的活力。

三堤十景是西溪湿地的主要景观，三堤分别是福堤、绿堤和寿堤，而十景则有秋芦飞雪、莲滩鹭影、火柿映波和洪园余韵等景观，仅从名字就可以知道，这里的景观充满了诗情画意的美和婉转悠扬的韵味。

三堤是西溪观景游玩的天然向导，当你漫步其中，行进间便可大饱眼福。福堤从南到北贯穿了整个西溪湿地，中间有六座桥，如元福桥、永福桥等因为名字里都带有一个“福”字，所以就叫作福堤。东面是蒋家港，西边是深潭口港，分别罗列着多处景观，像一条文化长廊将你引入古镇集市的深处。绿堤东西向横卧，与城市相接，西溪湿地植物园就坐落于此，各种植物园区和鱼塘将其围绕，更像是自然生态的展览馆，城市的喧嚣渐渐向大自然的宁静祥和过渡，沿堤岸漫步，心境不禁被花草鱼鸟的生态本色所感染。寿堤是三堤中最长的一条，往南连接着五常大道，往北可以到达水上巴士码头，沿着寿堤一直往前走，秀美的景色一一展现在眼前，如一幅美丽的画卷。放眼望去，四周连绵的群山和苍葱翠绿的树木皆倒映入水中，令人着迷沉醉。

走水路也别有趣味。坐在摇曳的乌篷船中，伴着摇橹声欣赏西溪湿地的美景。

走水路也别有趣味，可以租一条小船，随水入境，十景徐徐浮现眼前。杭州西溪湿地十景中的莲滩鹭影是别具特色的生态乐园，是这里不能错过的美景。划船进入观鸟区，天地逐渐变得辽阔，宽阔的水面上微波荡漾，岸边有着茂盛的芦苇。若是赶上夏季荷花盛开，便可看到“接天莲叶无穷碧”的盛况。美丽的白鹭在这里舒展着翅膀，翩然飞舞，掠过河中的游船，落在水中或嬉戏，或捕鱼，或藏在沙洲草丛中啁啾不绝，颇有野趣。要是碰巧再遇上端午节龙舟盛会，那更是万幸之至。站立岸边，观看几十位大汉在鼓声雷动下精神抖擞地振臂划桨，展现出惊人的气势。日近黄昏，也不用担心，可以去欣赏五常港东的蒹葭泛月，夜幕四合之际，明月初照，风吹蒹葭，平静的湖面皱起层层涟漪，蒹葭叶片片相接涌向天边，朦胧的月色洒下一层银辉，幽幽如幻。

若到金秋，泛舟于此，就能亲眼看见火柿映波，夹岸的柿子玲珑剔透，坠挂在枝头上，宛如灯盏，格外诱人，加上天高云淡，浓浓的乡土气息瞬间涌上心头，明媚而温馨。天寒落雪的时候，最好别错过秋雪庵的“秋芦飞雪”，天女散花，漂白大地，秋芦瑟瑟，临风听雪，不经意间撩拨起了多少游人的诗意。曲水寻梅，初春时节很适宜，此时大地回暖，万物复苏，梅香飘飘，傲寒而立，令人倾怀。除却高庄宸迹和河渚酒家，洪园余韵也该领略一番，看看江南的楼阁飞檐，亭台斗拱，出入之间不禁思绪穿越时空，归回前朝，仿佛又看到旧人在假山碧池旁边玩闹。小桥流水人家，泊船渔村，可以与人畅谈，烟雨缥缈，恍似仙境，每一间屋舍，每一条街巷，每一个乡亲，都可入画，都可成诗。

穿梭在充满古韵的小巷中，仿佛时光倒流回到了久远的年代。

落日余晖下的西溪湿地，柔和而又美丽。

蜀南竹海 绿色海洋

作为梅兰竹菊“四君子”之一的竹子，它那淡然脱俗、宁折不弯、不作媚世之态的清雅风姿和高尚品格，自古以来便受到文人墨客、风流雅士的追捧与喜爱，也成为君子的象征与中华美德的载体。在我国四川南部的宜宾市境内，便覆盖着一片竹的海洋，那便是蜀南竹海，中国最美的十大森林之一。

李白的一首《蜀道难》，曾使许多人对它望而却步，然而，自古以来四川天府之国的称号却非浪得虚名，它的美景为四方称道、八方传颂。蜀南竹海就藏身在这龙行飞腾的山岭之间。蜀南竹海既有幽深、秀美的意境，更有雄奇、险峻的壮观之势，享有“中国最美的十大森林”和“中国生物圈保护区”等众多美誉。

7万余亩的翠竹横跨四川宜宾的长宁、江安二县，整整遮盖了500多座山峦。远远望去，云气缭绕其中，山岭苍翠欲滴，层层叠叠、连绵不绝的竹子铺天盖地，郁郁葱葱，随风摇曳，整个一片绿色的海洋，层层绿波迎面而来，蔚为壮观。北宋著名诗人黄庭坚见到这汪洋如海的翠竹，也禁不住赞叹：“壮哉，竹波万里，峨眉姐妹耳！”

蜀南竹海属于亚热带季风气候，竹海四季常绿，林中绿荫蔽日、嫩竹溢翠，泉水清冽、溪流纵横、飞瀑倒挂、湖泊如镜。沿着通幽曲径盘旋而上，小道两侧的竹子笔直站立，遥指青天，密密实实，绿影叠叠，脚下的路曲折地转入竹林深处。竹林里空气清新，处处弥漫着淡淡竹香，欢快的鸟儿在林中啁啾歌唱，那清脆嘹亮的声音在林中久久回荡，那不知名的野花尽情绽放，为绿林轻轻点缀上美丽的色彩。置身其中，仿若人间仙境，令人升起飘飘欲仙之感。

在那绿竹掩映的危崖绝壁上雕刻着形象生动的石刻，“三十六计”的大型兵战浮雕，一计一图，近1000平方米的石刻采用现代与传统相结合的方式在我们的眼前演绎，古人的高超智慧令人叹服。这绵延1千米的天宝石寨石刻，也是我国最长的石雕壁画群。

旅行的途中常常会碰见身着民族服装的当地村民，他们或赏景，或休憩，或嬉戏，如果愿意可以选择与他们结伴而行，听他们为你讲述这里动人的传说、美丽的风情。道路沿山而上，不远处的山谷中传来阵阵涛声，加快脚步走上去定睛一看，七彩飞瀑就横空而出，遥挂在对面的山壁上，白练似的水流飞泻千丈，在阳光下七彩呈辉，令人目眩。

翘首往上看，山峦顶头处飞檐斗拱伸出竹林的包围，偶然传出几声沉沉的钟鸣，那就是龙吟寺了。寺院依山而建，气势雄浑，宛如腾龙盘山，横卧竹海，青瓦红砖，熠熠生辉。经庙门牌坊进入寺内，禅房花草，潭影古木，空灵凝碧，香烟缥缈穿行在楼宇殿堂之间，各种石雕映入眼帘：坐像端庄肃穆，栩栩如生，卧佛姿态悠然，闭目养神，“飞天”飘行，舞姿曼妙。

观云亭是必去的，站在高处，俯身鸟瞰，一片风起云涌，此时天远地阔，使人胸怀开阔。山岭游走，起起伏伏，山腰间裸露的地方，屋舍楼阁嵌入山壁，地势险峻，曲折奇特，旁边洞穴深入古阁，正是天宝寨。再看别处，波光粼粼的地方显出青龙湖的倩影，绿浪簇拥，好似一块玉璧，湖上游船如叶漂荡，亭台上酒旗风展，向人招手。

摄影小贴士

地理位置：四川省宜宾市长宁、江安两县交界处

最佳时节：春秋季

最佳美景：竹海、石刻、瀑布、龙吟寺

拍摄建议：九龙山顶既可观龙吟寺，亦可拍茫茫竹海、滚滚长江，天宝寨的石刻，以及翡翠长廊的竹景都是值得拍摄的美景。

万竹萧萧，遥指青天，遮蔽了林间曲径。

天宝寨开凿在悬崖峭壁上，当地少数民族曾于此屯兵，此处地势险要，易守难攻。

扎龙湿地 丹顶鹤的天然乐园

扎龙湿地位于黑龙江省西部松嫩平原，乌裕尔河下游。作为我国最大的珍禽鸟类和湿地生态类型的自然保护区，这里有着最原始的景观、最丰富的湿地物种，是天然的物种库和基因库，是国家重要的自然保护区，更为摄影爱好者所向往。

扎龙湿地是由于乌裕尔河下游没有固定河道，河水四溢而形成的一大片永久性弱碱性淡水沼泽区，水域面积 2000 亩以上，水流纵横，湖泊广布，水草肥美，鱼虾繁多，是水禽鸟类栖息繁衍的天堂。这里是我国建立的第一个水禽自然保护区，尤其是珍奇稀有的丹顶鹤更是重中之重。

那一只只宛若绅士般的丹顶鹤，或在草地上漫步，或在水中嬉戏。

清澈的乌裕尔河与双阳河像两条美丽的丝带在草地上蜿蜒流过，明亮的湖泊就好像一颗颗散落在草地上的珍珠，焕发着莹润的光泽。举目远眺，广袤无垠，一片浩浩荡荡的芦苇丛向远处铺开，波澜壮阔，仿佛一条绿色的毯子，把露出水面的沙渚浅滩遮盖得严严实实。天空湛蓝，很少有乌云遮蔽的时候，湖水也因为天空的映衬而变得更加纯净。等到夏季水面上升，湖泊渐渐连成一体，天地平阔，相互映衬，十分壮观。

站在观景台上往西看，浩瀚的扎龙湖就会映入你的眼帘，在当地，人们都管它叫仙鹤湖。此地水域辽阔，千里澄澈，如同一面镜子，在阳光的映射下，耀眼夺目。如果遇上风起，层层叠叠的波纹渐渐皱起，慢慢向远方散去。偶然有些小鱼浮到水面上来，吐出一圈圈水泡，或者拥在岸边抢夺游人抛下的鱼食，十分有趣。

扎龙湿地聚集着许多珍贵的鸟类，更是仙鹤的家园，最壮观的场景就是一齐放飞仙鹤的时候，为此，这里专门设置了观鹤台供游人观赏群鹤齐飞的壮观景象。丹顶鹤有着洁白的羽毛和黑色的尾羽，头顶一抹鲜亮的红色在团团的白色中格外醒目。它们迈着轻缓的步伐在草地上游走，修长美丽的身姿就好像优雅的少女。过一会儿，就会有一两只丹顶鹤开始引颈高歌，并张开雪白的翅膀，翩翩起舞，惹人怜爱。还有几只丹顶鹤已经贴着水面飞起来了，缓慢地震动双翼，优雅动人。丹顶鹤对爱情非常忠贞，如果情侣逝去，另一只则会守候终身，所以人们也常用鹤来象征坚贞的爱情。

如果你愿意，可以荡起一叶小舟，轻摇双桨，进入扎龙湿地的深处，欣赏那些隐藏的神秘境地。随着双桨的起浮，水中的云影随浪逐流，天空好像就在船下，浮萍点点，娇艳妩媚，仿佛是游荡在梦境与现实之间，美妙无比。远处传来阵阵鹤鸣，犹如清幽悦耳的牧笛，在耳边回荡，久久不绝。野鸭急匆匆掠过眼前的天空，窜进茂密的芦苇，消失在一片绿色中，毫无踪迹可寻。微风习习，阳光明媚，随着小舟的起伏，可以尽情享受大自然的美妙，尽情欣赏鹤之风采。

摄影小贴士

地理位置： 黑龙江省松嫩平原西部乌裕尔河下游

最佳时节： 4～5月、8～9月

最佳美景： 扎龙湖、丹顶鹤

拍摄建议： 早上或傍晚丹顶鹤飞翔时的场景是最美的，仲夏刚出壳的小鹤也是拍摄的上佳素材，秋季在金黄的芦苇荡中或嬉戏，或舞蹈的丹顶鹤十分迷人。

明净如洗的天空下，茫茫草地，一碧千里。

黄昏时分，丹顶鹤在暖暖的橘色余晖中翩然起舞，剪影美丽动人。

伊吾胡杨林 岁月的丰碑

日月穿梭，时光荏苒，千古风流，不过弹指间，多少繁华，多少兴衰，终遭雨打风吹，灰飞烟灭，那些依旧站立的必定迎来歌颂。贾平凹曾经说过："一棵树能活百年，那么它将是一个神灵。"那远在无边无际的沙漠中屹立千年的胡杨该怎么称呼呢？当你与这些被岁月雕刻的丰碑站立一处时，你的灵魂将会产生一种怎样的悸动呢？

胡杨林那遒劲的枝丫、金黄的树叶，丰满而绚烂，将这一方土地浸染得深刻而凝练。

哈密伊吾的胡杨林可算是全世界年岁最长的树林，堪称奇迹，甚至被誉为"活化石"，它们身上的每一处都是历史，这些岁月的痕迹都是生命最倔强的演绎。尽管常年经受着盐碱的侵蚀，胡杨依旧能把根须扎进如铁的地底，求得生命的给养，顽强地生存下去。当所有生命的颜色被黄沙掩盖，荒蛮的戈壁滩头，咆哮着朔北永不停息的狂风，烈日似火烧焦大地，花草乔木憔悴而萎靡，无法振作，唯有胡杨树从容屹立，绿叶婆娑。

胡杨之所以能够在如此恶劣的环境中生存，是因为它有极强的环境适应能力。伊吾土地的盐碱含量极高，胡杨必须深扎根才能越过盐碱层，有时甚至要向下十几米才能从土地更深处获得给养。伊吾气候干燥，极为缺水，胡杨在生长过程中就不停地变换叶形，叶子从下至上越变越小以减少水分的蒸发。当所有生命——主动也好，被迫也罢——抛弃伊吾这片土地时，只有胡杨的身影在漫漫黄沙中站立，并且一站就是亿万年。是胡杨林组成绿色的城堡，一直坚守着生命的希望，它告诉四方赶来的朝圣者，这就是“沙漠勇士”不低头、不服输的品格。

进入林中，你将很快忘记这是一片树林，直觉会告诉你这是艺术的殿堂。细心去品味吧，看一棵树如何诠释生死的轮回和变迁，如何缔造艺术的瑰丽。在茫茫无际的沙地上，有的胡杨昂首挺胸显示出凛冽的气势，而有的躯干断裂得看不出本来的面目。树身倾斜的如蛟龙出海，展开的枝杈似龙爪飞舞，一派腾跃之势；铺地横卧的如猛虎啸山，躯体盘踞低伏，以待瞬间扑击；体形较瘦的似妩媚的少妇，容貌清秀，轻曼窈窕，亭亭玉立；树身宽大的似老态龙钟的长者，眉须飘风，神情庄严。

等到残阳如血，枯黄的树林如同镀金的雕塑，配着树叶的翠绿，更像是一方仙境。山峦开始变成暗色，只留下朦胧的轮廓，地平线上的落日慢慢沉入沙地，一片金灿灿的光影从地面抹上天空，云朵成了红彤彤的颜色，星星从胡杨林中悄悄升起来，在这辽阔苍凉的沙漠中，愈发显得寂寥空旷。一种永恒的色彩，在这片土地上，永久地绽放。

摄影小贴士

地理位置： 新疆维吾尔自治区哈密市伊吾县淖毛湖镇东 10 千米处

最佳时节： 9 ~ 10 月

最佳美景： 胡杨林、怪树

拍摄建议： 金秋时节是伊吾胡杨林一年中色彩最为丰富的时节，最适合拍摄；千姿百态、造型奇特的胡杨别具魅力；夕阳下的胡杨悲壮、凄美，也是拍摄的最佳素材。

千奇百怪、形态各异的怪树。

大雪覆盖下的胡杨林，少了几丝苍凉，多了几分清雅。

第四章

千古岁月的不朽神话

故宫 明清帝宫

故宫曾经的辉煌虽已随着历史的风烟远去了，那令人望而生畏的压迫感也已退去，但是驻足其中，它那磅礴壮观、睥睨天下的气势依旧让人肃然起敬，它所承载的片片印记，并未消散，依旧在历史的时光中行走。

故宫，这座规模宏大、庄严精美的建筑，不仅是北京这座古老皇城的象征，作为明清两代帝王的居住之所，更是至高皇权的象征。今日的它，卸下了重重的面纱，露出了本真的面貌，那是中国古代建筑之精华，堪称世界上无与伦比的建筑杰作，被誉为世界五大宫之首。

对称是最能体现恢宏气势的一种建筑布局，而故宫就是最能体现对称之美的建筑。故宫的所有宫殿建筑都以中轴线为中心呈对称分布，除了太和殿、保和殿、中和殿、乾清宫等主要建筑分布于中轴线上，其他建筑多在两旁呈对称分布，据估计共有 9000 多间宫室，堪称“殿宇之海”。无论是左右对称的结构，还是雄伟壮观的外形和富丽堂皇的装饰，整个宫殿都呈现出一种宏大的皇家气派，可谓是无与伦比的杰作。

走进故宫，最先映入眼帘的是太和殿，俗称金銮殿，明永乐年间建成，当时称为奉天殿，清顺治帝将其改为太和殿，并沿用至今。太和殿建成后屡次遭到焚毁，后来多次重建。太和殿装饰手法之精巧、建筑规模之宏大、结构之严谨豪华，堪称紫禁城之冠，中国古代建筑之首。

殿前的平台称为丹陛，上设有代表皇权的日晷、嘉量和象征长寿的铜龟、铜鹤，殿下是汉白玉石雕铺就的基座，四周以栏杆相绕。在栏杆下设置有十分精巧的石雕龙头，用来排水，若是恰逢雨天游览太和殿，或许你会看到千龙吐水的奇观。

殿内重檐庑殿顶，屋顶的上空高悬乾隆皇帝亲笔御书的“建极绥猷”牌匾，牌匾之下就是每个争权夺利者都渴望坐上去的金銮宝座。宝座作为古代统治者的专用座位，其设计装饰真可谓精美绝伦，处处彰显着皇家之尊贵，地位之超然。宝座的椅背上金龙缠绕，其他部位多种纹饰雕刻，通身镶嵌有不计其数的红蓝宝石，加上宝座后的金丝屏风以及前后左右 6 根贴金江山万代升转龙纹巨柱，整个大殿金碧辉煌，熠熠生辉。

摄影小贴士

地理位置：北京市东城区

最佳时节：四季皆宜

最佳美景：太和殿、中和殿、保和殿、角楼等

拍摄建议：傍晚、夜色下的东北角楼，黎明、下午的西北角楼都很适合取景；景山公园山顶的万春亭可拍故宫全景。

故宫第一殿——太和殿，殿前“御道”极长。

⬆ 故宫四角各有一角楼，此处风光独好。

转过太和殿之后便是中和殿。中和取“中也者，天下之本也；和也者，天下之道也”之意，为中庸之道，也意在要求执政者不偏不倚，是皇帝静心思考的地方，是皇帝接受执事官员朝拜的地方，也是在祭天坛、地坛等大典举行之前准备仪式的地方。中和殿的建筑模式是铜胎鎏金宝顶，以黄色琉璃瓦覆顶，内外装饰皆是皇家专用，金碧辉煌，精描细绘，异常精美。

之后便是古代选拔人才举行殿试的场所——保和殿。雕镂金漆宝座与殿内金砖、别致的天花梁彩画以及丹红色的陈设相互映衬，愈发显得华贵富丽。保和殿最吸引人的莫过于殿后阶陛中间的云龙石雕，这是故宫中最大的一块石雕，重达250吨，上刻有云、龙、海水等图案，九条游龙在此中间口戏宝珠，形象富有动感，生机勃勃。看着这让人叹为观止的石雕，你是否想到它的来历呢？云龙石雕是数万民夫，用旱船拽运的办法从百里之外运来，其耗时之久、过程之难是我们无法想象的，故宫云龙石雕不仅体现着雕刻家的非凡才华，更是凝聚着古代劳动者的智慧和才能。

此外，颇值一提的还有分布在故宫四角的角楼。角楼高27.5米，十字屋脊，重檐三层，多角交错，各部分比例谐调，造型玲珑别致，可以说是紫禁城的标志。

故宫是一个经历了六百多年风霜的王朝象征，错落有致的殿宇、朱墙黄瓦的建筑，在蓝天白云的映衬下显得光辉夺目。一扇厚重的门隔绝了城里城外两个世界。漫步城内，每一砖每一瓦都刻有历史的痕迹，就连门口的大缸虽因时间的侵蚀而不再光鲜，但上面的刮痕至今依然清晰可见。远离喧闹的人群，登高眺望故宫，呈现在你眼前的是一座巍巍宫阙，威严而庄重，吸引着人们不断去探索发现。

⬇ 古代科举考试殿试的场所——保和殿。

颐和园 皇家园林

北京，这座古老的皇城，处处都是厚重的历史沉积，交织着岁月的光与影。那一座座历经沧桑的园林，在今天依旧显示出无穷的韵味。

雨后初霁的天空澄净透亮，凉爽的空气中传来新鲜的花草气息，走进被誉为“皇家园林博物馆”的颐和园，首先映入眼帘的就是以佛香阁为中心的建筑群，各建筑犹如众星环绕般四散开来，规整严谨，气势宏伟。佛香阁是万寿山上的主体建筑，位于山腰，呈居高临下之势，八面三层四檐的外观设计营造了一种体宽量大的视觉效果。佛香阁最初是仿照杭州的六和塔建造的，但是因周围历来多塔，加之与群体的建筑风格不协调，故修筑到一半便改建为阁式建筑，也正因为这样端庄宏伟的建筑风格更好地体现了皇家风范，是一座古典建筑的精品。登高极目远眺，昆明湖的明媚风光尽收眼底。

佛香阁是颐和园的主体建筑，其他建筑以其为中心向四周散射。

长廊蜿蜒曲折，极富艺术性，犹如一条彩带横贯东西，流光溢彩的画面令人叹为观止。

佛香阁的南边就是横贯整个山麓的“长廊”，它依山傍水，如同一条彩带把各处的风景连接起来。漫步其间，你会惊叹于古人杰出的智慧，四座八角攒尖亭象征着春夏秋冬点缀在两侧，分别是秋水、清遥、留佳和奇澜。它还是一座丰富多彩的画廊，四周的每根房梁上都绘有彩画，内容极其多变，有山水花鸟，有亭台楼榭，还有古典名著《红楼梦》《三国演义》等的故事情节……一幅幅色彩斑斓的彩画，绚丽迷人，没有任何一幅是相同的，真不愧为世界上最长的画廊。

沿着长廊走至西端，是一座石舫，取河清海晏之意名为清晏舫。整个石舫运看起来仿若大理石修建，实际上两层舱楼皆为木质结构。八国联军侵华时石舫被毁，后修建时改中式的样式为西式风格，西洋阁楼配以彩色玻璃窗，顶部还雕刻有精巧华丽的装饰。两层的船舫上设置有大镜，若是恰逢烟雨朦胧之时，坐于镜前，与茗茶、书籍相伴，抬眼便可观雨景，想必别有一番趣味。石舫上的排水设施也非常完善，设计精巧，雨水顺着空心柱从楼顶流下，由船体四周的四个龙头样式的水龙头喷出，十分壮观。相传这里是明代圆净寺的放生台，每年的四月初八，乾隆都会陪其生母在此放生。

清晏舫原称石舫，取河清海晏之意，乾隆常陪其生母在此放生。

天色将晚，还没有看完万寿山，便迫不及待地想要看夕阳下的昆明湖。西望昆明湖是连绵起伏的山峦，北望是成群的楼阁，湖中的西堤独具特色。西堤本是一条平常的堤岸，后来人们将其断开建成了形态各异的“西堤六桥”。其中较为有名的便是“玉带桥”，汉白玉雕刻的桥身，从远处望去好像一条玉带，洁白美丽。堤上桃柳繁密，形成了如诗如画的“六桥烟柳”。船行其上，便可见湖中岛屿风光，“南湖岛”“治镜阁岛”“藻鉴堂岛”与周围的殿阁楼宇相映成趣，极其壮丽。波光粼粼的湖水，星罗棋布的岛屿以及层叠的楼阁，难怪明朝的诗人常把这里描绘成“宛如江南风景”。乾隆曾泛舟游湖写道：“何处燕山最畅情，无双风月属昆明。”碧波荡漾的昆明湖在斜阳的映照下，更是熠熠生辉。

如一道彩虹横跨于东堤和南湖岛之间的便是著名的十七孔桥，桥如其名共由 17 个券洞组成，长有 150 米，宽 8 米，是颐和园中最大的一座桥。惟妙惟肖的石狮刻于望柱之上，或嬉戏打闹，或母子相拥，无不精美传神。桥的南端刻有“修蝀凌波”四字，形容的就是十七孔桥如同斑斓的彩虹横跨于碧波之上。桥北端的另一副对联上写着：“虹卧石梁岸引长风吹不断，波回兰浆影翻明月照还望。”于桥上观望，万寿山如同“蓬莱仙山”，碧波、绿树、楼阁、远山、蓝天、白云，天地风景浑然一体。于山上眺望，此时的十七孔桥优雅宁静，更加赏心悦目。

“虽由人作，宛若天开”的颐和园有着说不完、写不尽的如画美景，古老的买卖街、侧首遥望的铜牛、别具一格的后山后湖……颐和园有四时之美，晨昏之美，无论何时游览，它都会给你带来无限的惊喜，无论何时拍摄，都会展现出不同的风情。

摄影小贴士

地理位置：北京市海淀区

最佳时节：9 ~ 10 月

最佳美景：佛香阁、昆明湖、玉带桥、十七孔桥、清晏舫

拍摄建议：从万寿山俯拍的昆明湖全景，夕阳下的十七孔桥，春花烂漫的西堤，夏季盛开的荷塘，色彩绚烂的秋景等，处处都是美景。

十七孔桥宛如飞虹横跨在碧波之上，是颐和园内最大的一座桥梁。

天坛 天子祭天之地

在“君权神授”的封建社会，皇帝是上天之子，代天牧守万民，为了能够天下太平、百姓安康，每年皇帝都会举行祭天大典，祈祷风调雨顺、五谷丰登，于是天坛便诞生了。

走进天坛，你会发现其实天坛很大，墙有两重，南方北圆，寓意“天圆地方”。北坛的祈谷坛专门用来祈祷丰收，祈年殿、皇乾殿、祈年门等是其中最主要的建筑。南坛的圜丘坛则是专门用于“冬至”祭天，中间有一个大形圆状石台，名为“圜丘”。

祈谷坛和圜丘坛之间以丹陛桥相互连接，大量的古柏林分布在丹陛桥的两侧，这些郁郁葱葱的古柏林大多种植于明代，已经有500多年的历史，与周围瑰丽壮观的天坛建筑浑然天成，形成独特的景观。天坛有了古柏林的环绕，才显得更加祥和、肃穆。据说美国前国务卿游览天坛时曾感叹：“我们的实力可以仿造出天坛，但我们毫无办法仿造出千年古柏。”这大概就是所谓的“名园易建，古木难求”。

位于天坛南端的圜丘又称“祭天坛”，冬至日皇帝会在这里举行祭天大典。

外形奇特的“九龙柏”在一众古柏中远近驰名。它屹立在回音壁的西北侧，高达18米，躯干上布满了纠缠突出的纹路，像是无数条巨龙缠绕其上。明清历代帝王到天坛祭祀，必然经过此柏树，于是就有了“九龙迎圣”的称号。像这样经久不朽的柏树还有很多，穿梭其中，或抬头或回首寻找造型奇特的古柏，别有一番风味。

皇穹宇四周建有围墙，呈圆形，有传音的作用，所以又叫“回音壁”。

祈年殿和皇穹宇在天坛建筑群中最为显著。祈年殿是明清帝王孟春祈古的场所，三层重檐向下逐层盛开呈现伞状，按照“敬天礼神”的思想设计建造，圆形的大殿象征着天圆，而蓝色的瓦象征着蓝天。皇穹宇是供奉皇家祖宗牌位和皇天上帝的地方，这就要求建筑风格庄重严谨，肃穆雅致。

蓝色代表永恒、理智，纯净的蓝色带给人们安详与洁净的感官享受。祈年殿与皇穹宇都以蓝琉璃瓦为顶，包括其他的建筑都是蓝顶，从远处眺望，一片蔚蓝与周围枝繁叶茂的古柏交相掩映，浑然一体，与外面喧闹的世界隔绝开来，独成一方天地，更添静谧之感。

天坛殿顶刻画有精致壁画，内容丰富多彩，富丽堂皇。

走进殿中，环顾四周，砖木结构的大殿没有横梁或者铁钉，只能看见28根有序排列的巨型楠木柱支撑着殿顶。华美的蟠龙藻井如伞盖凝聚在大殿的屋顶，绚丽多姿的彩画围绕四周，流光溢彩，精美绝伦。那富丽堂皇的装饰与结构，为祈年殿这座古老的建筑增添了无穷的韵味。蟠龙藻井和地上的龙凤石遥遥相对，形成了天地呼应的格局。相传，原本殿顶只有金龙，石头上只有凤纹，金龙与凤凰日久生情，常与之嬉戏。后来恰遇来此祭拜的嘉靖，金龙来不及飞回去，于是就和凤凰一起被嘉靖压进了圆石中，从此就变成了深浅不一的龙凤石。

作为我国现存最宏大壮观的古代祭祀性建筑群，天坛一直都是以严格规整的建筑布局、奇妙的建筑结构和华丽精美的装饰闻名于世。祈年殿、回音壁、三音石、对话石等诸多建筑设计巧妙，风格惊奇，处处彰显着天人感应、天人和谐的哲学思想，是中华民族留给世界建筑史上的一大奇迹。

摄影小贴士

地理位置： 北京市东城区

最佳时节： 3～5月、9～11月

最佳美景： 祈年殿、皇穹宇、皇乾殿、丹陛桥、回音壁

拍摄建议： 晴天下拍摄的天坛格外恢宏大气，深秋时节天坛公园内金黄色的银杏大道是一处美景，冬天大雪覆盖下的天坛别有一番韵味。

长城 东方巨龙

长城，世界最古老的伟大建筑之一，蜿蜒盘旋一万两千多千米，不仅是我国古代劳动人民创造的人间奇迹，我国悠久历史文化的见证，更是中华民族的脊梁。

长城，又称“万里长城”，是古代为了抵御塞外游牧民族的侵袭，保卫人民的安全而在不同时期修筑的庞大的军事工程的统称。今天所指的长城多为明代修筑，它东起鸭绿江，西至甘肃省的嘉峪关，总长度为 21196.18 千米，分布在北京、天津、甘肃、辽宁等 15 个省、市、自治区。

开放最早的就是举世闻名的八达岭长城，它位于北京市延庆县军都山关沟古道北口，毛主席以一句“不到长城非好汉”引来了无数前来参观八达岭长城的游人，甚至也吸引了来中国访问的各国政要。

“万里长城万里长，长城内外是故乡”，长城，蜿蜒在东方的一条巨龙，在绵延万里的山脉、广袤无垠的沙漠中，历经千年风霜的长城一直高昂着它那不屈的头颅，战火喧天的杀伐不曾让

万里长城西端起点——嘉峪关。

它卑躬屈膝，那挺直的身躯就是我华夏儿女的脊梁，就是我们民族的精神象征。

登上长城，踏着脚下的方砖，轻抚着古老的城墙，岁月的洗礼并没有让它褪色，它依然高大坚固，伟岸挺拔，不由地令人惊叹于中国古代劳动人民在没有任何现代化运输工具的情况下，却将一块块重达一两吨的条石，一步一个脚印抬到这崇山峻岭之上。是什么让一代代的后继者不断地修筑长城？是什么让无数的劳动人民能够前仆后继、坚韧持久地修建长城？长城已经成为我们中华民族坚韧不拔、团结奋进的一种精神象征。

秋天，层林尽染，群山绚烂，长城被一片金黄覆盖，在阳光下熠熠生辉。

长城也是美丽多姿的。当秋高气爽之际，登上长城，站在垛口处向远方瞭望，山峦起伏跌宕，雄浑刚劲，远山的红叶沙沙摇曳，满目红的、黄的、绿的，层林尽染，五彩斑斓，绘就成一幅灿烂无比的画卷，将我国的大好河山渲染得绚丽多姿，优美壮丽。

走在这红叶相拥的长城上，轻抚饱经沧桑的青灰石砖，嗅一嗅林木花草散发出的清香，阵阵秋风清爽宜人。静静回首，蓦然间发现脚底下的长城，早已在不知不觉间将我们轻轻拥抱进它那狭长而又温暖的怀抱中了。

倘若在登长城时遇上一次小雨，那情景就更妙了。原本熙熙攘攘的人群，因为这场突如其来的降雨，很多人可能会打了退堂鼓，那么这时你就可以优哉游哉地独享登临长城的乐趣了。四下里静悄悄的，一切都是那么安静，虫鸣鸟语也全消失了，只听见一声声的脚步声和重重的喘息声，还有那沙沙小雨相伴，一阵阵

漫山红遍的枫叶簇拥着雄伟的八达岭长城。

摄影小贴士

地理位置：横跨天津、河北、山西等 15 个省、市、自治区

最佳时节：秋季

最佳美景：八达岭长城、古北口长城、司马台长城、慕田峪长城、金山岭长城

拍摄建议：长城的精华地段金山岭雄秀兼备，是拍摄的好地方；长城的日出与日落都可拍摄；秋天的长城是最美的，色彩明丽，鲜艳夺目。

湿润的山风伴随前后，一缕缕轻盈的云雾缥缈在山间，这才是最真实、最自然的时刻。

长城与群山相依相偎，又互为衬托，更显长城之雄伟，山势之险峻。八达岭长城往东有一段野长城，它们盘桓在陡峭的山岭间，逶迤起伏，绵延不绝，无人管理的它早已是残垣断壁，但那生生不息的野草，伴随着日出日落，静看着云卷云舒，延续着长城的坚韧与绵延不绝的生命力。

登临水关长城可谓惊险频发，那里有陡坡也有缓坡，最陡的坡度几乎呈垂直状态，台阶个个都很高，有的几乎高过膝盖，与其说是登长城，倒不如说是爬长城，因为实在是太陡了，游人必须借助旁边修建的铁栏杆，才能保证有持续的动力，甚至是手脚并用地扒着台阶在一步一步地往上挪。倘若偶尔回头望一望，就会有一种强烈的晕眩感，如果不是抓着栏杆，只怕当时就会一个倒栽葱摔下来。此时仿佛不是在登长城，而是在爬天梯，因为几乎看不到下面是从哪儿开始上来的。

长城展现给世人的，不是落日夕阳中落寞的寂静，也不是风雨侵蚀下的斑斑伤痕，而是我们那铮铮铁骨的民族气魄，是中华民族的脊梁，那纵横驰骋的巨龙般的气势，那不畏艰难险阻、勇往直前的果敢，不仅是我们中华民族的骄傲，更是世界建筑之林最辉煌灿烂的华章。

夕阳西下，残阳如血，茫茫苍山上的万里长城有着历经沧桑的悲壮与寂寥。

晋祠 古晋名胜

古人云：“三晋之胜，以晋阳为最，而晋阳之胜，全在晋祠。”晋祠之美在山水、在松柏、在楼阁、在古韵。

在太原市西南处有一山名为悬瓮，因山上原有巨石，如瓮倒悬，故名悬瓮山。山脚下有泉水涌出，汇聚成晋水。而在这山水之畔，古木参天中，晋祠傲然伫立，绿水碧波中红墙黄瓦随树影而闪烁。悠久的历史文物与优美的自然风景浑然一体，晋祠不负其美。

晋祠始建于北魏时期，是为纪念周武王次子姬虞而建，后历经北齐、隋、唐、宋、元、明、清千百年的历史，并不断修缮和扩建，逐渐成为现在的庞大规模。晋祠风景秀美怡人，环境清幽雅致，那恢宏的建筑群、精湛的塑像艺术更是令它闻名天下，这

掩映在参天古木中的晋祠建筑群。

摄影小贴士

地理位置：山西省太原市晋源区晋祠镇

最佳时节：四季皆宜

最佳美景：圣母殿、鱼沼飞梁、周柏

拍摄建议：晋祠园内风景最美是秋天，金黄的银杏、绽放的菊花；晋祠内的建筑别具特色，“晋祠三绝”都值得拍照留念。

座集中国古代祭祀、建筑、园林、雕塑等艺术于一体的文物是我国珍贵的历史文化遗产。

形如悬瓮倒挂的巍巍悬瓮山，就如一道天然的屏障，将这处古迹紧紧地拥入它的怀抱。四季变幻，景色如画，春夏花草满山，径幽而香远；秋冬草木郁郁，白雪皑皑。在如此美景之下，无论何时拾级登山，探访先人遗迹，都会神清气爽。

来到晋祠，处处可见古老苍劲的树木，这也是晋祠的一大特色。森森古树历经风霜雨雪依然屹立不倒，那遒劲的树干、皲裂的树皮、疏密相间的枝丫诉说着晋祠的传奇故事，见证着这里的风云变幻。有一偃卧于石阶旁宛若老者的古树，名曰周柏，据说它种植于西周，迄今已有 3000 余年的历史，伴随着晋祠走过历史的烟云，静看日出日落。

在晋祠中最美、最吸引人眼球的还是含有浓厚古韵的古建筑群。历经漫长的岁月，经过各个朝代的不断扩建与修建，终成就了今日的规模与格局。晋祠的建筑可分为中、南、北三部分，中即是整个晋祠的中轴线，也是园内建筑的主体，布局严谨，结构分明，肃穆庄重。北部的建筑包括文昌宫、东岳祠、关帝庙、三清祠、朝阳洞、读书台等，这里的建筑多依据地势进行排列，错综复杂，层次相叠。而南部则是晋祠内园林的集中地，白鹤亭、三圣祠、水母楼、难老泉亭等，错落有致的亭台楼阁，溪水缠绕，花木繁盛，一派江南园林的风采，令人赏心悦目。

圣母殿的彩塑色彩鲜艳，生动形象，非常华美。

晋祠最著名的建筑为圣母殿，始建于宋代天圣年间，圣母据说为叔虞之母邑姜。圣母殿原名为女郎祠，是祠内的主体建筑，规模也最为宏大，是我国宋代建筑的代表作。内部有宋代精美彩塑侍女像 43 尊，其中有 2 尊是明代补塑的，居中而坐的邑姜凤冠霞帔，雍容华贵，栩栩如生。

在圣母殿前的鱼沼飞梁也是晋祠的“三绝”之一，是一座建于宋代的精致古桥。古人圆者为池，方者为沼，池中多鱼，故曰“鱼沼”。这座方形的荷花池，上架有一个十字形的飞梁，下由三十四根八角形的石柱支撑，东西桥面宽阔，南北如鸟之两翼，远远望去如同飞梁。桥边缀有勾栏，凭栏赏景，池中鱼跃清波，荷花娇艳，相映成趣，令人游而忘归。这种十字桥梁突破了传统的一字桥形，是我国古建筑中的一种创新。

鱼沼飞梁是我国现仅存的一例呈十字桥形的古桥梁。

走过千年的晋祠演绎过诸多故事，当年李世民从这里起兵反隋，宋太宗赵光义在这里消灭北汉政权，“周柏唐槐宋献殿，金元明清题咏遍。世民立碑颂统一，光义于此灭北汉”。晋祠就是这样，以她优美的身躯来护着这些珍贵的历史文化，也成为泱泱华夏锦绣山河中的一幅画卷。

苏州园林 园林之乡

“画廊金粉半零星，池馆苍苔一片青。踏草怕泥新绣袜，惜花疼煞小金铃。”

这种清新明丽的意境似乎专为苏州园林所写，也似乎只有在苏州园林才会产生。苏州的园林就像江南水乡里小家碧玉的女子，一颦一笑、一动一静间都散发着温柔的美。苏州的园林也好似一幅山水画，青山秀水，曲径通幽。小巧玲珑的假山水溪与精致秀美的亭台楼阁错落有致，虽没有皇家园林的霸气与奢华，却将苏州园林小巧精致之美展现得淋漓尽致。同时，也为摄影者提供了一片天地。

摄影小贴士

地理位置： 江苏省苏州市

最佳时节： 夏季

最佳美景： 网师园、耦园、环秀山庄

拍摄建议： 园林拍摄重在构图，可以采用由“点”及“面”的方法，选择有特色的局部或用远景来表现整体的韵味。

各式各样的桥是苏州园林的另一大特色。

网师园虽小而意境无穷。

没有哪个园林能比苏州的园林更贴近自然，绿树茵茵，繁花似锦，假山流水如明珠点缀；也没有哪个园林如苏州园林一般超脱自然，精巧雅致的亭台楼阁，技艺精湛的雕刻，每一处都彰显着苏州园林的高雅和风韵。苏州园林之所以能够拥有悠远的意境，想是和苏州深厚的文化底蕴分不开吧。

作为园林之乡，苏州拥有狮子林、拙政园、沧浪亭、网师园、留园、耦园、环秀山庄等诸多园林。这些园林在苏州园林风格的基础上各具特色，展示着园林主人别样的情怀。相比北方建筑色彩浓厚、简单质朴、开朗大度的风格，苏州园林建筑色彩淡雅、灵巧秀丽，在细节之处尽显典雅精致、富丽堂皇。

苏州园林素有移步换景之说，一走进留园，便体会到这种一步一景的建造风格。古木交柯的小院内绿树红花，莺莺燕燕，一派热情似火的景象。而在一墙之隔的花布小筑却是出奇地素净，池水居中，嶙峋假山在侧，弯弯曲曲的回廊环绕碧水，青瓦白墙上紫藤攀附。不远处的闻木樨香轩内遍植桂树，深秋季节桂花盛开，香飘四溢。

有人说苏州园林是高雅之人才能欣赏的地方，虽然不是很赞同，但确实是有这种意味。坐落在小新桥巷的耦园似乎有点名不见经传，却饱含丰富的文化意境。耦园内多书画楹联，“东园载酒西园醉，南浔寻花北陌归”“卧石听涛满衫松色，开门看雨一片蕉声”，清新明丽的词语诉说着园林恬静淡雅的意境，若是不能领略这些诗意的楹联，就不能完全欣赏到苏州园林的独特之处。

著名园林与古建筑学家陈从周先生认为网师园是“苏州园林极则”，园虽小却意境无穷。网师园的主景月到风来亭极其著名，经常出现在许多苏绣的图案中，是取意于“涓涓流水细浸阶，凿个池儿招个月儿来，画栋频摇动，荷蕖尽倒开”。网师园虽不大，却是苏州园林中最为精致的一座，每一处都可见园林主人的精心雕琢，就连用卵石铺就的幽径都精美到极致。

环秀山庄假山林立，是我国拥有假山最多的园林。园林内的假山是园林景色的一大精华，由清代杰出的叠山大师戈裕良建造，这些假山巧夺天工，精妙绝伦，浑然天成，堪称假山之珍，山庄亦因此而驰名。假山占地不过半亩，在这咫尺之间，陡壁峭崖、峰峦怪石林立，幽谷、洞壑、蹬道等应有尽有，比之真山亦不为过，颇类中国山水“尺幅千里”的“缩地术”。置身其间，如身处万山之中，一石一缝，精细自然，浑然天成，有“独步江南”之誉。

苏州是著名的历史文化名城，风景之美人尽皆知，苏州园林之美无疑是最重要的一项。那精巧细腻的园林犹如娇小灵秀的女子，不免让人心生爱怜。只身浸入这园林的秀美之中，仿佛身心都得到滋润，充满活力。

曲阜三孔 儒家圣地

“千年礼乐归东鲁，万古衣冠拜素王。”历史悠久的山东曲阜因孔子而名扬天下，备受推崇，成为受世人尊崇的世界三大圣城之一。曲阜三孔是孔府、孔庙和孔林的统称，作为我国古代伟大的思想家、教育家、儒家创始人、世之圣人孔子的诞生、讲学、墓葬及后人祭祀之地，曲阜有着深厚的文化积淀和悠久的历史渊源，是闻名全球的儒学文化的源头，儒教之根。其中三孔就是纪念孔子、推崇儒学的表征。

摄影小贴士

地理位置：山东省曲阜市

最佳时节：春秋季

最佳美景：孔府、孔庙、孔林、杏坛、鲁壁

拍摄建议：具有寂灭美的墓地，“钩心斗角”的建筑奇观，庞大的碑林，封建社会典型的官衙与内宅合一的贵族府邸都是拍摄的最佳素材。

孔府始建于宋代，与孔庙相毗邻，经过历朝历代的扩建，规模十分宏大。孔府既是历代孔子嫡系长子、长孙的府第，也是一处官衙与府第合一的典型封建贵族庄园，更是我国现存古建筑中规模最宏大、最豪华的封建官僚贵族府第，素有“天下第一家”之称。整个庄园占地约 180 亩，有厅、堂、楼、轩等各式建筑 463 间，分为中、东、西三路布局，九进院落，仅次于明、清皇帝宫室。三路的布局各不相同，东路为“东学”，既是孔氏家族的家庙也是用来接待朝廷官员的地方；西路为“西学”，是孔子的后裔平时学习诗书礼仪之处；中路则为孔府的主体建筑，仿造朝廷六部之形制建造，设有 3 堂 6 厅，前部为官衙。此外，园内还有内宅，前上房、前堂楼、后堂楼、花园等。在这古木参天、雅致庄重的府邸中，处处弥漫着浓郁的儒家文化的气息。

孔庙，坐落在阜城中心，是中国历代封建王朝祭祀孔子这位伟大人物的地方，气势雄伟，规模庞大，同北京的故宫、河北承德市的避暑山庄并称为中国三大古建筑群。该建筑主要仿造帝王宫殿之制，前后九进院落，贯穿于南北中轴线上，金碧辉煌的宫殿建筑布局规整，结构严谨，恢宏大气。这些古建筑处处包含着特殊的思想文化内涵，庙的中门、坊、殿、堂的题名及匾额皆彰显着儒家风范。孔庙的香火每日不断，在香火缭绕中孔庙庄严肃穆，显得神圣而又神秘。

有“至圣林”之称的孔林，是孔子及其家族的专用墓地，也是目前世界上面积最大、延时最久的氏族墓葬群。郭沫若曾说过：“这是一个很好的自然博物馆，也是孔氏家族的一部编年史。”时至今日，孔家的香火依然繁盛，林内的坟墓也有增无减，凡孔家后人多有资格在此安葬。在众多墓碑中，孔子的墓以红墙围绕，墓前置有香炉和用泰山封禅石垒就的供桌及两座碑刻。小碑为宋碑，是孔子墓前最早的碑，立于 1244 年，碑上篆书“宣圣碑“三字；另一巨碑上篆书“大成至圣文宣王墓”，是明正统八年（1443 年）所立，是著名书法家黄养正所书。“断碑深树里，无路可寻看”，在万木垂荫下，石仪成群、碑石如林，各个时代的名人题记遍布，孔林名副其实。

大成殿是孔庙的主殿后设寝殿，仍是前朝后殿的传统形式。

除了孔府、孔庙和孔林，还有鲁壁。据说秦始皇当年焚书坑儒时，为保存儒家经典，孔子的后人孔鲋将《论语》《孝经》《尚书》《礼记》等儒家经典书籍藏于孔子宅院的墙壁内，因此孔子之道得以保存下来。后人为了纪念孔鲋藏书的功绩，在此建造了一面红墙，这就是鲁壁。

为纪念孔鲋保藏儒家典籍的功绩，明代为其刻制鲁壁碑。

作为儒家圣地，曲阜有很多代表或纪念儒家典故的建筑、景点，纷繁众多的景色在这片充满浓郁儒文化气息的天地里，让人驻足难忘。

黄鹤楼 天下江山第一楼

黄鹤楼，一个诗意飞扬的名字，一段神奇莫测的故事，一座展翅欲飞的楼阁，一段历史烟云的诉说。

“昔人已乘黄鹤去，此地空余黄鹤楼。黄鹤一去不复返，白云千载空悠悠。晴川历历汉阳树，芳草萋萋鹦鹉洲。日暮乡关何处是，烟波江上使人愁。”唐代诗人崔颢的一首《登黄鹤楼》已是流传千古的绝唱，黄鹤楼更是因此而名扬四海。作为江南三大历史名楼之首的黄鹤楼，历来都是中国文化长河中一个具有超高人气的知名符号，千百年来无数文人墨客在此登阁远眺，挥洒浪漫诗意。

摄影小贴士

地理位置：湖北省武汉市长江南岸的武昌蛇山之巅

最佳时节：3～5月、9～11月

最佳美景：黄鹤楼、浮雕

拍摄建议：除了拍摄黄鹤楼外，清晨登上高楼看日出下的远景更是美丽，夜晚的黄鹤楼灯火通明，美轮美奂，亦不容错过。

巍然屹立于武汉蛇山之巅的黄鹤楼，与湖南岳阳楼、山东蓬莱阁、江西滕王阁并称为“中国四大名楼”，有“天下江山第一楼”“天下绝景”之称。传说黄鹤楼是出于军事目的而建，三国时期孙权为实现“以武治国而昌”（“武昌”的名称由来于此）的目的，在今天的武昌城西面朝长江的地方修建了最初的黄鹤楼。在群雄割据、三国纷争之中，黄鹤楼仅仅作为一角瞭望守戍的“军事楼”存在。在东吴被晋灭了之后，三国统一，黄鹤楼原本的军事作用也不复存在，在时光长河的涤荡中，在江夏城不断地发展中，这里逐渐成为南来北往之人皆会一游的观赏楼。进入唐朝以后，随着南方的开发，黄鹤楼愈加闻名遐迩，成为著名的名胜景点，许多文人墨客来此游览，挥毫泼墨留下脍炙人口的篇章。

黄鹤楼并不是一座孤楼，而是一座以黄鹤楼为主体的公园。走进公园的大门，首先映入眼帘的是一座巨大的浮雕，只见一个老人正微闭双目，得意地吟诵着那首流传千古的《登黄鹤楼》。整座浮雕形象生动，只是不知崔颢写就这篇流传千古的诗篇时是不是真的意气风发，或许离乡的愁绪更多一些吧。

眼前美景皆不见，一心只思黄鹤楼。来到黄鹤楼前，只见一座高大的塔楼伫立在巨大的石台之上，楼阁外观五层，最顶层上一块鎏金匾额高高悬挂，上面镌刻着“黄鹤楼”三个浑厚苍劲的大字，像是整幢楼的一撇眉目，更添高楼的灵性与神韵。楼的两侧是呈对称分布的一些古建筑，古色古香的轩廊、亭阁、牌坊，和金瓦琉璃覆顶的建筑，如阶梯式延伸，上下衔接，层次分明，众星拱月般守护着主楼。

其实，眼前这座临江巍然屹立的黄鹤楼并非古楼，原楼由于历经战火，自唐宋到元明清历朝历代屡建屡毁，光绪年间一场大火把建于清同治七年的最后一座“清楼”烧得仅留一座高 3.4 米的青铜铸就的黄鹤楼楼顶，此后近百年未曾重修。新中国成立以后，于 1981 年在原址附近依照清朝同治时期的蓝本重新修建了这座名楼，并加高了，更加凸显出楼阁的高大雄伟。

黄鹤楼最美的景色莫过于登高远眺了，是时近处楼阁巍峨，景色优美；远处江水悠悠，帆船点点，使人心潮澎湃，久久不能平息。黄鹤楼上历朝历代流传下来的诗词歌赋数不胜数，诗仙李白歌曰“黄鹤楼中吹玉笛，江城五月落梅花”，贾岛轻吟“青山万古长如旧，黄鹤何年去不归”，陆游仗剑高歌“苍龙阙角归何晚，黄鹤楼中醉不知”，范成大醉问“谁家笛里弄中秋，黄鹤归来识旧游”，白居易提笔写下“白花浪溅头陀寺，红叶林笼鹦鹉洲”……一篇篇千年不朽的名篇在这里写就，成为名垂千古的佳话。

黄鹤楼是一个以其为主体的公园，还拥有很多优美的景致。

滕王阁 江南名楼

第一次知道滕王阁是源于初唐大才子王勃的《滕王阁序》。那优美的文字、飞扬的思绪，极尽华丽、夸张之词，读起来惊为天人，至今仍记得“落霞与孤鹜齐飞，秋水共长天一色”“老当益壮，宁移白首之心；穷且益坚，不坠青云之志”等名句。序以阁名，阁以序传，滕王阁这个临江而筑的高大阁楼因此而流传千古，成为“江南三大名楼”之一。

滕王阁原是唐高祖李渊之子、唐太宗李世民之弟李元婴被封山东滕州时修建的阁楼，后滕王李元婴调任江西南昌，为解思念故土滕州之情，就在临江之处修建了著名的“滕王阁”。世事沧桑，兴毁频繁，滕王阁是不幸的，又是幸运的。在中国的历史上，没有哪座阁楼会如滕王阁一般在 1400 多年的时间里屡毁屡建，共经历过 29 次重建。

恢宏大气、气势非凡、繁复精美的滕王阁。

摄影小贴士

地理位置： 江西省南昌市西北部

最佳时节： 3～5月、9～11月

最佳美景： 滕王阁、《滕王阁序》碑、滕王阁公园

拍摄建议： 秋天的滕王阁最有韵味，登高而望，辽阔的江面、淡淡的雾岚、休闲的渔船和时飞时嬉的野鸭组成了天然的风景画。

薄薄暮色中灯火璀璨的滕王阁。

如今的滕王阁是由我国著名建筑专家梁思成先生根据宋代的草图而设计，于1989年10月8日“重九”之日竣工落成。阁楼整体高达57.5米，占地4.3公顷，巍然屹立于赣江东岸，雄伟壮观，雕梁画栋的楼阁金碧辉煌。尤其是那拾级而上的城墙式基座，那凌空欲飞的七层重檐，那悬缠在阁上的三层回廊，那翠如碧玉的琉璃脊顶，使整座楼阁显得既古色古香，典雅庄重，又灵动飘逸，超凡脱俗。

从远处瞭望巍巍的滕王阁，犹如一座倚天而立的“山”，中间的阁楼高耸，两侧各有一座小型阁楼拱卫。整个主阁色彩鲜艳，斑斓多彩。第二层是仿古城墙似的台座，以宋代习俗打造的花岗岩作为栏杆，风格古朴典雅，迥然有异于华丽的主阁，对比鲜明。

滕王阁的建造结构别具风格，主要采用了“明三暗七”的形式，从外部看为3层，走进内部其实有7层，别具匠心。来到主阁的入口处，首先看到的便是左右两侧的楹联“落霞与孤鹜齐飞，秋水共长天一色”，这是毛泽东的墨宝。进入大厅，映入眼帘的是一幅汉白玉浮雕——《时来风送滕王阁》，再现了王勃赴滕王阁胜会时挥墨作序的场景。

滕王阁临江而立，视野非常开阔，登高而望，江水、落日尽收眼底，十分壮美。

滕王阁的七层楼阁各有不同的主题展示。主阁一层主要集中了滕王阁的匾额，四面各有匾额悬挂。第二层最著名的是正厅的《人杰图》，在长20多米、高2.55米的墙壁上绘着数千年来江西的历代名人，造型生动，画风极其优美。第三层是一个回廊四绕的明层，在中厅的屏壁有一个取材于汤显祖在滕王阁排演《牡丹亭》的故事——《临川梦》。此后的几层各具特色，其中第五层是最高的明层，在此举目远眺，江水滚滚，正是抒发豪情的好去处，或许千年前的王勃就是在此临江作赋，写下名垂千古的《滕王阁序》。

滕王阁的建筑结构严谨，造型奇特，典美雅致。

滔滔江水滚滚如旧，展翅白鹤一去不返，昔日的文星荟萃、高谈阔论、挥毫泼墨、吟诗作画，已只可臆想不可复见，永久地消散在岁月的烟云中，空留江风阵阵，叹息声声。

蓬莱阁 水上仙阁

在我国悠久的历史上产生了著名的四大楼阁，“落霞与孤鹜齐飞，秋水共长天一色”的滕王阁；“日暮乡关何处是，烟波江上使人愁”的黄鹤楼；“先天下之忧而忧，后天下之乐而乐”的岳阳楼；还有一个因盛传求仙而闻名的蓬莱阁。相比其他三座因自然美景与览物之情的珠联璧合才得以传承于世的名楼，蓬莱阁略显单薄了些，但它那缥缈如仙的美丽风景，神秘动人的神话传说，使它超脱于俗世之外，成为神仙住所般的人间仙境。千百年来，蓬莱阁独居渤海之滨，黄海之畔，吸引着无数游人和摄影爱好者来此一饱眼福。

蓬莱阁坐落在蓬莱市城北海边的山崖上，高悬于大地之上，独立于尘世之外，仿若神仙的居所。八仙过海的神话传说和秦皇汉武访仙求药的历史故事，更是为此地抹上了一层神秘的色彩，“仙境”之称不遑多让。“海市蜃楼”的奇特景观享誉海内外，更受摄影爱好者所追捧。

栩栩如生的八仙雕塑依旧在蓬莱岛上伫立。

摄影小贴士

地理位置：山东省蓬莱市

最佳时节：7～9月

最佳美景：蓬莱阁、蓬莱水城、海市蜃楼

拍摄建议：蓬莱阁的秀山、丽海、美林、幽洞、雄崖、奇石，还有七八月间雨后的海市蜃楼，都是摄影的绝佳素材。

古朴典雅的蓬莱阁。

蓬莱阁的主体建筑建于北宋嘉裕六年（公元1061年），后在明清时期进行扩建，使其更具规模。高15米的蓬莱阁高踞于丹崖山巅，巍然屹立，挺拔俊秀，坐北朝南的阁上以明廊环绕，以供游人登高远眺，是观赏“海市蜃楼”奇异景观的最佳处所。在楼阁正中央高悬一块金字匾额，“蓬莱阁”三个浑厚有力的大字为清代书法家铁保手书，左右两壁上挂有名人的题诗。

欣赏蓬莱阁最好是登上阁楼的高处，四周环顾，神山秀水尽收眼底。由于蓬莱阁濒临大海，有着得天独厚的地理环境，这里一年四季的景色有异，甚至在短短的一日之间景色也是变幻无穷。清晨是观赏蓬莱日出的好时刻，站在观澜亭上远远望去，云开日出，耀眼夺目。黄昏之际，夕阳晚照，和友人一起漫步在阁下，有晚潮万顷，海面渔船点点，极富诗情画意。

蓬莱最美的景色莫过于海市蜃楼了，每年的春夏和夏秋之交，在空晴海静之时常有海市蜃楼出现。当海市蜃楼出现时，海上突然出现一片绵延的山峦，时而山峰突起，时而高楼琼宇迭现，时隐时现，此起彼伏，让人心醉神迷。千百年来，多少文人墨客纷至沓来，只为一睹仙容，但真正能领略到奇观的人却寥寥无几。虽然不能眼见为实，但是却心向往之，如今在蓬莱阁留存下观海述景的题刻有200余石。

蓬莱阁下有一座蓬莱水城，建于明洪武九年（1376年），原为宋代边防水寨“刀鱼寨”旧址。后为了抵御倭寇，就依据地势建筑城墙，将海水引入城内，用来操练水师。整个蓬莱水城有南北两个城门，北门与海水相连，主要供船舶出入，南门与陆地相连，供人及车马出行。严密的海上防御体系使水城进可攻、退可守，也可控制附近的海域，保卫沿海人民的生命及财产安全，在我国的海港建筑史上具有举足轻重的地位。

如今的蓬莱阁虽不再是帝王将相寻仙求药的向往之地，然而其优美的山光水色和厚重的历史文化积淀，使这个依山傍海的“山海名邦”著称于世，成为游人争相游览的胜地。

古色古香的建筑群，展示着蓬莱深厚的文化底蕴。

布达拉宫 雪域宫殿

依山而建的布达拉宫层层叠叠，与山体仿佛融为了一体，宏伟壮观。作为历任达赖喇嘛的冬宫，它在西藏人民心中有着独一无二的神圣地位，是拉萨这个雪域之都乃至整个青藏高原的象征，堪称“雪域高原的圣殿”，是中华民族古建筑的精华之作。

摄影小贴士

地理位置： 西藏自治区拉萨市西北部

最佳时节： 四季皆宜

最佳美景： 布达拉宫、壁画

拍摄建议： 布达拉宫外西南侧的小山上是拍摄的最佳位置，在龙王潭可拍布达拉宫倒影，在药王山能拍布达拉宫全景。

西藏的天空白云悠悠，晴空湛蓝而纯粹，碧空下绿树环绕的布达拉宫愈加神秘庄严。

夜幕下的布达拉宫在昏黄的灯晕下显得富丽堂皇，愈发神秘悠远。

这座神秘的宫殿坐落在西藏的玛布日山上，是松赞干布为迎娶文成公主和尺尊公主而建。它气度非凡地屹立在世界屋脊上，主要分为白宫和红宫，红宫居于中间，白宫分散在两翼。宫殿的墙壁红白相间，加之金碧辉煌的顶端，从远处望过去，色彩对比明显，具有强烈的艺术效果。宫殿的建筑风格兼有汉族特色和藏族色彩。凌飞的檐角，木质的房屋结构，还有鎏金铜瓦的装饰为汉族传统建筑形式，而独特的形象又为藏族所特有。置身其中，仿佛踏入了一个变幻莫测的神秘世界，所有的一切都吸引着你的眼球，令你目不暇接。

彩色壁画和雕塑是布达拉宫的一大特色。内部宫室、殿堂无一处不着有壁画和雕塑，就连居住的地方也绘有幔帐和墙裙。壁画丰富多彩，雕塑更是精细传神，或辉煌壮丽，或典雅庄重。这些壁画、雕塑内容广泛多样，有历史人物图画，有宗教佛经故事，还有当时建造布达拉宫的劳动画面，以及表现民俗风情的生活图画。其中表现宗教神话的故事，往往以一尊大佛或者菩萨为壁画的中心，色彩以朱红、橘红、深红等暖色调为主，再辅以浅青、深绿等冷色调，画面清晰，对比强烈，表现了藏族人民高超的绘画技艺，是藏族文化艺术的宝库。

山头的五色经幡随风张扬，彰显着布达拉宫的神秘悠远。身着藏袍、手持经轮不停转动的藏民，永远是这里最独特的风景。来到这里，抬头仰望宫殿，泛起高原红的面颊充满了神圣感。望着这样庄严的一幕，莫不使人肃然起敬，唯恐一句不适当的话，打扰了藏族同胞的敬拜。欣赏最纯粹的艺术，聆听最真诚的祝福，喧嚣的心在这一刻慢慢平静下来。

群山之间、蓝天之下，布达拉宫纯净而威严，高低错落、层次分明的殿宇犹如琼楼玉宇，让人舍不得归去。太阳仿佛读懂了你的心情，留恋着这片人间净土，迟迟不落。有歌唱到：时光在布达拉宫越拉越长，正是对这里的生动写照。夕阳下的布达拉宫将壮丽和辉煌的美发挥到极致，霞光如金子般撒落其上，由浅红至深红，直至最后消失……夜幕逐渐降临，布达拉宫的灯光也逐次打开，远处的小山上挤满了手持相机的人群，耐心等待着拍下布达拉宫最美的瞬间。在灯光的照耀下，布达拉宫显得愈发富丽堂皇、绚丽多姿。

布达拉宫这座“世界屋脊的明珠”，人们梦中的天堂，在这片广阔的天地间将圣洁传递、延续！

寒山寺 千古名刹

“月落乌啼霜满天，江枫渔火对愁眠。姑苏城外寒山寺，夜半钟声到客船。”已近不惑之年的张继落榜了，带着愁苦与无奈，乘着小船漂泊在姑苏城外，恰在此时寒山寺的夜半钟声敲响，在这夜深人静的时刻，寂寥的钟声久久回荡，江边还有明灭可见的渔火，几声凄厉的乌鸦叫声引起了他的愁绪，于是这首流传千古的《枫桥夜泊》便诞生了。这首隽永的诗篇把名不见经传的张继带上了历史的舞台，诗中的枫桥和寒山寺也随之名扬天下，流传千古。

寒山寺坐落在苏州市的姑苏区，始建于南朝梁代天监年间，占地面积约 1.3 万平方米。唐贞观年间，寒山、希迁两位高僧来此住持，遂改名为寒山寺。寒山寺在 1600 多年的历史中先后多次被毁坏、重建，被称为我国十大名寺之一。

当年张继泊船处——枫桥。

摄影小贴士

地理位置：江苏省苏州市姑苏区

最佳时节：春季

最佳美景：大雄宝殿、钟楼、诗碑、枫桥

拍摄建议：寺庙、钟楼等建筑全景拍摄宜仰拍，可增其气势；寺内小处景致宜特写，如诗碑、书法石刻、古钟等。

钟楼是一座六角形重檐亭阁，位于藏经楼南侧。

寒山寺这座因张继的《枫桥夜泊》而闻名天下的寺庙，有着与众不同建筑布局，一反寺庙正门朝南的惯例，而是庙门朝西。至于为什么寒山寺面朝西方，有几种不同的说法。一种说法是因地制宜，因隋朝开凿的大运河在寒山寺的西边，寺门朝西靠近水，便于人们通过水路前来朝拜；还有一种说法就是大运河的水能够克火，从而保证寺庙的安全。

踏入寒山寺，首先就能看到分别镌刻着“和”“合”两个大字的两块奇石，“和”是万物相安，“合”是万物相符，颇有几分道家意蕴。走进寒山寺中，这里的建筑布局显得较为随性，不按照严格的中轴线，也不追求左右均衡，错落有致地分布，看起来很舒适。

大雄宝殿是寒山寺的正殿，匾额高悬，庭柱上挂着一副楹联：“千余年佛土庄严，姑苏城外寒山寺；百八杵人心警悟，阎浮夜半海潮音。”由赵朴初居士所写。正中安坐的释迦牟尼佛金身佛像，神态安详，目含悲悯；两侧供奉着明成化年间铸就的 18 尊精铁鎏金罗汉像。

寒山寺内古木苍翠，花草繁茂，清幽雅致，古色古香的寺庙建筑，法象万千的佛像，处处都充满着佛的禅意。花木掩映的建筑中最具有特色的便是寒拾殿，这里供奉着在别处寺院中都见不到的寒山、拾得二人的塑像，一人手持荷花，一人手捧净瓶，嬉笑逗乐的两人活泼可爱，生动传神。此外殿内还有南宋书法家张即之所书的 27 石《金刚般若波罗蜜经》，苍劲古拙，透出英武刚烈之气。后面还有董其昌、林则徐、俞樾、毕懋康等人的题刻 11 石，精妙绝伦。

钟楼位于藏经楼南侧，也是张继在《枫桥夜泊》中的“夜半钟声”之处，只是当初夜半敲响钟声的那口古钟，早已失去了踪影，就连明代嘉靖年间补铸的大钟也已下落不明。如今六角重檐的钟楼内是仿唐式的古铜钟，重达 108 吨，高 8.588 米，钟体上刻有铭文《大乘妙法莲华经》，被誉为“天下第一佛钟”。每年的除夕，寒山寺都会敲响 108 声古钟，雄浑的钟声飘荡在姑苏城中，迎接新一年的到来。

夕阳西下，寺内古钟幽幽响起，让人不禁遥想千年之前，同样的钟声，是如何传到于夜半时分仍辗转不寐的失意举子张继耳中，令他吟出一首誉满天下、足以安慰他名落孙山之痛、足以洗雪他名落孙山之耻的《枫桥夜泊》。

都江堰 世界水利文化鼻祖

“岷江遥从天际来，神功凿破古离堆。恩波浩渺连三楚，惠泽膏流润九垓。劈斧岩前飞瀑雨，伏龙潭底响轻雷。筑堤不敢辞劳苦，竹石经营取次裁。”岁月无语唯石能言，在滚滚的历史长河里，都江堰岿然不动，默默地诉说着古人的智慧与丰功伟绩。在斗转星移中，都江堰见证了千年时空的沧桑变迁，面对奔流不息、恣意昂扬的江水，都江堰如一道缰绳牢牢地扼住时而宁静时而疯狂的江水，守护着千里沃土。

走近都江堰，首先映入眼帘的是一座雄伟的廊式古木桥——南桥，桥梁沟通内江两岸，据说是清光绪四年四川总督丁宝桢用都江堰修筑完后剩余的银子修建。虽然南桥曾多次被毁，但重建

都江堰南桥。

⬆ 都江堰水利工程中的鱼嘴，江水从此处分流。

⬆ 安澜桥横跨岷江南北，江心桥墩上建有桥亭。

后的南桥仍保持着浓郁的古韵风味，雕梁画栋，书画楹联，成为都江堰诗画艺术的长廊，被誉为“水上画楼”“雄居江源第一桥”。

跨过南桥，走进都江堰景区入口离堆公园，姹紫嫣红，百花争妍，古木葱茏，错落有致的亭台楼阁掩映在郁郁葱葱之中。漫步花园，来到伏龙观的观景亭，此处是纵观都江道渠首工程全貌的最佳位置。举目遥望，工程巨大的都江堰横跨岷江，由分水鱼嘴、飞沙堰、宝瓶口等部分组成的渠道“分流导江、筑堰引水”，形成了“长龙地上走，银河天际流”的壮丽图景。

面对这个“惊为天人”的设计，不得不让人感叹古人的智慧。这样一个完美的设计思路，从宝瓶口到鱼嘴，不过六七百米的距离，但是集引水、排沙、防洪为一体，从此成都平原万顷良田，“水旱从人，不知饥馑，时无荒年，天下谓之‘天府’也”。这样的创世之举，利民之工程，既简约又实用。在那个水利科学知识匮乏的年代，李冰父子却把它建造得堪称完美，寻不到丝毫的瑕疵。据记载，修通“宝瓶口”就用时8年，按照现存的堤坝工作量计算，平均每天的进度仅为几厘米，显示了一个“愚公”的坚定毅力，也表明修建时间的跨度。

安澜桥可以说是都江堰一道魅力独特的风景线。桥梁始建于宋代以前，后经战火毁坏以后重建，被誉为“中国古代五大桥梁”之一。整座桥梁为木质结构，面为木板，栏为竹索，后来木桥桩改为混凝土结构，扶栏却依旧。在桥上行走时，桥身左右摇晃，脚下的激流更是让人胆战心惊。沿河而行，远近的无限风光尽收眼底，脚下河水奔涌咆哮、狂野不羁，两岸古木苍翠、青峰耸峙，构造一幅动静相结合的动人画面。

漫步在都江堰，不由让人感叹，作为一个可以和万里长城相媲美的巨大工程，都江堰可以说是世界水利史上的一大奇观。在这逶迤陡峭的群山中，都江堰将鲜活的江水悄然挥洒，灌溉千万亩良田，成就天府之国。

摄影小贴士

地理位置：四川省都江堰市城西

最佳时节：春秋季

最佳美景：都江堰、南桥、伏龙观、安澜索桥

拍摄建议：南桥形制优美，可远摄全景，夜晚南桥灯火辉煌，更宜拍摄；都江堰宝瓶口和鱼嘴是难得一见的奇观，站在伏龙观的观景亭可全景拍摄。

兵马俑 世界第八大奇迹

“长安自古帝王都。”西安，弥漫着古朴沧桑的风韵，凝聚了华夏五千年的辉煌历史，是华夏精神的故乡，世界历史的名城。这里从不缺少历史的印迹，百万年前的蓝田遗迹，原始的半坡文化，周幽王烽火戏诸侯，更是留下了秦始皇一统天下的丰功伟绩的历史印迹——兵马俑。

西安骊山脚下那雄伟壮丽的兵马俑，一个穿越历史迷雾的人间奇迹，使人为之震撼。那些或站立，或跪射的陶俑赫然便是气势威武的军队，他们跨过千年的历史守护着帝陵的主人。遥想当年，那确实是一个辉煌的年代，秦王扫六合统一天下，开创盛世帝国；抵御匈奴修筑长城，留下不朽的杰作……即使是遗作帝陵也令后人为之惊叹。

站在墓坑中的兵俑气势浩荡，俨然是始皇帝的地下军队。

跪射俑是出土的秦俑中最为完整的兵俑。

放眼望去，每个土坑中皆是气势非凡的秦俑，场面甚为壮观，这些威武的秦俑身穿战衣，面容严肃，凌厉之中透着缕缕杀气，精雕细琢的画像令人不得不惊奇于古人的高超技艺，其中骏马拉车的陶俑最是引人注目。四匹骏马神态各异，在柔和的光线下显出淡淡的光晕，真切而又传神。几块黑斑分布在强而有力的四肢上，可以想象骏马驰骋英姿飒爽的姿态。

《吴越春秋》曾记载："射之道，左足纵，右足横，左手若扶枝，右手若抱儿，此正持弩之道也。"这个正与秦俑中的立射俑姿态相符。立射俑出土于二号坑东部，雄赳赳的立射俑手持弓弩，与跪射俑组成了弩兵军阵。这些立射俑的装扮十分轻便灵活，头发挽成髻，身着轻裘战袍，革带系于腰间，脚穿方口的翘尖履。立射俑的出现证明了在秦始皇时射箭技艺已经发展到很高的水平，而与之相对应的跪射俑是出土的秦俑中最为完整的兵马俑，从他们的铠甲上依稀可以看见曾经的红色涂层，这对文物研究来说异常珍贵。同立射俑一样，跪射俑也是出土于二号坑东部，他们身披战甲，头顶挽有发髻，脚上所穿也是方口翘尖履，单膝跪地，双手在身体右侧仿若手持弓箭。跪射俑雕琢精细，从他们的鞋底上甚至还能看到连接的线脚，被工匠们细致地刻画了出来，除了能够从这些跪射俑上看到浓郁的生活气息，还可以看出几千年前精湛的工艺水平。

这些秦俑在塑造时以现实生活中的真人为依据，通过简约明快又细腻的手法，塑造出秦俑极为生动形象的面部表情。如果仔细查看，就能发现秦俑那白色的眼角、黑色的眼珠，甚至瞳孔的颜色都是工匠以写实的笔法精心处理过的，一丝一毫都与真人无异。另外，从他们的着装、发饰以及手势还可以分辨出他们的身份，从他们威严从容的神态表现出他们各自鲜明强烈的个性。

嘶吼的战马、驰骋的战车、挥舞的刀剑都早已随历史烟消云散在八百里的秦川大地上，唯有秦始皇兵马俑依然如古时一样气势严整，肃然静立，诉说着不朽的盛世传说。

摄影小贴士

地理位置： 陕西省西安市临潼区

最佳时节： 四季皆宜

最佳美景： 一号坑、二号坑、三号坑、四号坑

拍摄建议： 为体现全体兵俑严整肃立的气势，可以俯拍整个墓坑；若欲欣赏千年之前细腻的雕刻工艺，可拉近镜头进行局部特写。

承德避暑山庄 避暑胜地

昔日专属于帝王家的承德避暑山庄，如今寻常百姓也可以自由出入，园中建筑的布局与构造，可谓匠心独运。这些保存完好的古物，向后人展示的是一个末代王朝的伟大技艺，所以避暑山庄的山水才有了永不枯竭的神韵。

来到这里后，才发现承德避暑山庄和想象中的并不一样。承德避暑山庄没有想象中的金碧辉煌，威严的皇家建筑中多了些许朴素和淡雅。青砖素瓦的建筑与四周的山水相依，浑然天成，既有北方的阔达之美，又有江南水乡的柔美，二者相互结合，形成了承德避暑山庄山园相融的美妙景色。

承德避暑山庄的建筑既有规模恢宏的皇家园林，又有庄重淡雅的皇家建筑和肃穆的皇家寺庙群，主要分为供休闲、游玩的苑景区和供居住、活动的宫殿区。苑景区的建筑布局是按照平原和山地划分的，同时还包括以湖为中心的景观。这些宫室与周围的自然景色融为一体，顺地势而建，三三两两点缀其间，营造回归自然之势。

永佑寺俊秀挺拔的舍利塔是乾隆为报母恩而建。

郁郁葱葱的林木和广阔的草地组成了平原区的美丽风景，它位于承德避暑山庄的北面。爱新觉罗的先祖们是在马背上得到的天下，所以对后代子孙们的骑射功夫十分重视，皇帝经常在草地上举行赛马活动。在林地中曾经还有万树园，皇帝在这里召见过外国使臣、宗教首领以及少数民族的王室贵族。但今日的万树园只剩下了遗址。

山区的建筑则多以寺庙为主。普乐寺、博善寺等寺庙错落有致地分布在避暑山庄的山峦沟壑中。当时的清朝统治者为了安抚少数民族，在这里修建寺庙以巩固统治。极具民族风格的寺庙在这里很常见，其中最具代表性的就是普宁寺。普宁寺是一座汉藏结合的寺庙，因宏大的规模而成为我国北方藏传佛教寺庙中之翘楚。寺庙中供奉的千手观音，壮观而又威严，吸引了无数的游客来此观赏。

永佑寺舍利塔位于万树园的东北侧，是乾隆游杭州六和塔和南京报恩寺时，叹其玲珑秀美，为感母恩而仿此两塔建造。此塔呈八角密檐，塔内部有许多精致生动的雕刻和绚丽多彩的壁画，琉璃建造的檐斗和梁枋，还有铜铸的塔尖，是避暑山庄的必拍景色之一。

避暑山庄的建筑结构严谨、装饰雍容华贵，彰显出皇家风范。

湖区中有八处湖泊，其中西湖、镜湖、银湖和半月湖等统称为赛湖，建筑风景也几乎都是仿造江南的名胜。采用传统的园林建造方法，与四周的岛屿、堤岸、湖水巧妙结合，营造出犬牙交错的水乡风情，如较为有名的烟雨楼、水心榭……烟雨楼因杜牧“南朝四百八十寺，多少楼台烟雨中”而得名，乾隆多次游历江南之后，仿照其式样在承德避暑山庄建此楼。前有门殿，后有两层楼檐，楼的东边是青阳书屋，古代皇帝在这里读书和写字，各个地方以游廊连接。登高凭栏眺望，四周美景尽收眼底。每逢夏秋时节，湖中荷花竞相开放，从远处望去，湖面烟雾缭绕，美不胜收。乾隆曾作“最宜雨态烟容处，无碍天高地广文。却胜南巡凭赏者，平湖风递芍荷香”一诗赞美其秀美的景色。

银湖和下湖之间是水心榭，湖面横跨桥梁，桥上建有三座亭榭，四面皆可观望，自成一景，颇有“飞角高骞，虚檐洞朗，上下天光，影落空际”的意境美。此水心榭连接着湖区与宫殿区。踏过水心榭便是精湛的宫殿区了。宫殿区的建筑设计没有皇家一贯的流光溢彩，而是融合了北方的宏大和南方的秀美，注重舒适和简约。这里除了是皇帝居住、休息的地方，还是处理朝政的地方，主要分为“前殿”和“后寝”。主殿名为澹泊敬诚，因大殿采用极其珍贵的楠木修建而成，故也叫楠木殿，微风掠过时，飘来阵阵的清香，若是有琴音相伴，定会让人沉醉其中。这里的每一处都极尽奢华，象牙屏风、白羽刺绣……简直让人眼花缭乱，目不暇接。

烟波致爽殿是皇帝的寝宫，早上的时候后妃会在这里向皇帝请安，西面是佛堂，东边是议事厅。在这里，夏天酷暑之时也非常清凉舒爽，夜晚也不会觉得潮湿寒冷。康熙曾赞“四围秀岭，十里平湖，致有爽气”，于是便题名为“烟波致爽殿”，后世的帝王均以此为寝宫。

承德避暑山庄是中国自然地貌的缩影，因为整个山庄东南多水，西北多山。山庄虽以山名，而胜趣其实在水，亭台楼阁之所以美，一半也是因为湖水的映衬与装饰。从来水之情状最难描摹，非亲临不足以赏其妙。所以炎炎夏日里，请您亲自去看看吧！

摄影小贴士

地理位置： 河北省承德市北部

最佳时节： 夏末秋初

最佳美景： 永佑寺舍利塔、烟雨楼、水心榭、澹泊敬诚殿

拍摄建议： 4 ~ 10 月是避暑山庄最美的时刻，湖光山色、亭台楼阁都是取景的对象；烟雨楼北面澄湖的鱼跃水面捕食蜻蜓的奇观，更是受到摄影者的追捧。

山庄虽以山名，胜趣其实在水，因为湖水的映衬与装饰，亭台楼阁才更显其美。

第五章 情迷沉醉的人间乐土

宏村 中国画里的乡村

古人隐世多会选择深山野林，出世而居，如果选择一处悠闲自在的古镇居住，不会是北京城里方严规整的四合院，也不会是湘南临河而立的吊脚楼，而一定会是白墙青瓦的徽派民居。那黑白分明的线条在蓝天下，仿佛是一幅浓墨写意的中国山水画卷，极具美的神韵。而在这样的徽派民居中，宏村无疑是其中的代表。

宏村，始称“弘村”，因清时避乾隆讳而改名为宏村。村落位于安徽省黄山市黟县，依山傍水，在青山和静河的怀抱中已有900多年的历史。

还没到宏村之前，就听说宏村的村落布局堪称古镇的“中华一绝”，亲见之后不得不赞一声：妙！整个村落是按照牛形布局，北部青山是高昂的牛首，村落中高低错落的民居是牛身，在村内蜿蜒曲折的溪流是牛肠，风景最美的月沼是牛胃，汇聚溪水的广阔南湖是牛肚，而在溪流上凌空飞架的四座古桥就是雄健的牛腿，如此形象生动的布局构思可谓匠心独运，让人叹为观止，也创造了宏村“浣汲未防溪路远，家家门前有清泉”的好环境。

横幅的广角图给朝霞增添些许的气势，更显画面的静美。

进入村中，穿行在古老的街巷中，到处是一片静谧古韵的景象：斑驳的石板桥、错落的民居、掉了漆的古旧大门、静幽幽的溪水……让人沉醉。村中月沼的景色最为优美。月沼是一个半月形的人工开凿的池塘，在村中位于“牛胃”的位置，是村民洗衣服的地方。至于为何是半月形的，据说还流传着很多故事，其中以胡重娘的故事最为凄美。据说胡重娘的丈夫是商人，常年经商在外，几年难得一见，于是她就出钱修建了这个月沼，以半月之意寄托相思之情。千百年来，涟涟的水波如重娘望穿秋水的情思萦绕在月沼之畔，诉说着离肠。

南湖是村中最大的水域，也是景色非常优美的地方。湖面水波荡漾、碧幽清澈，每到夏季，一望无际的绿荷铺满整个湖面，望之令人心醉。要是夕阳西下，湖边的青柳倒垂，掩映湖中，更是风景如画。还有一座古桥直通村里，斑驳的板桥在湖水的氤氲水汽中若隐若现，显得虚无缥缈，好似仙境，摄影迷们一定要抓住机会。

古村中的民居虽然看似凌乱，但是有着一定的层次布局。整个民居是以正街为中心，向四周延展，鳞次栉比的庭院楼阁在千年的风霜中不改其容。古镇中至今仍有数百幢保存完好的古民居建筑。这些高墙深宅的院落建造精细，精美华丽的砖雕、石雕和木雕随处可见，彰显着徽派建筑之美。历史悠久的宏村也蕴藏着浓郁的文化色彩，那些民居的匾额和楹联上留有很多诸如“传家有道唯存厚，爱世无奇但率真”“快乐每从辛苦得，便宜多自吃亏来”“嚼诗书其味无穷，敦孝弟此乐何极”等名言警句，尽显治家修身的理念。几乎每户民居之中都会有书房，内部装饰古朴雅致，反映出当时的宏村居民崇文重教、推崇儒术，寄托着诗书传家的期望。

保留的民居中被喻为“民间故宫”的承志堂最为气派古典，是保存最完整的民居建筑。据说当年的屋主人汪定贵在经商发达之后，耗费无数钱财花费近六年的时间修建了这座规模宏大的民居宅院。整个院落建造细腻，每一块砖瓦都透露出建造者的专心和智慧，那些边边角角看似普通寻常，实际上却是艺术珍品。在这些构造中，雕刻可以说是徽派艺术雕刻中的精品，手法娴熟，层次繁复，技艺高超，图案内容丰富。其中最为好看的是那幅著名的百子闹元宵图，画面上形象生动的儿童有上百个，神态各异，让人喜爱。

“青山依旧水相伴，神牛奋蹄天地间”，状如“青牛”的宏村在蓝天白云下、青山绿水间静卧，远离世俗、规避红尘，那如中国画一般的山水民居景致无不让人感叹这是天赐的神韵。想要拍摄我国古代著名的徽民居建筑，这里是一定要来的。

摄影小贴士

地理位置：安徽省黄山市黟县

最佳时节：3～5月、9～11月

最佳美景：月沼、小巷、承志堂、南湖

拍摄建议：早晨或傍晚是最佳拍摄时间，最能凸显宏村的静美；晴朗的天气下拍摄最好，光线充足，画面感更加细腻。

秋季的早晨，雾气弥漫湖面，朦胧的画桥倒映湖面。

在夕阳晚照下，残荷的满池金黄，作为前景相当好看。

婺源 梦境家园

第一次知道婺源是源于一幅油菜花的摄影照片，漫山遍野的油菜花金黄金黄的，让人陶醉，之后才知道婺源不仅有油菜花，它还是著名的摄影胜地。婺源位于江西省上饶市，是一个有着悠久历史的美丽地方，这里遍植油菜花，还没进村便可闻见油菜花的芳香，在灿烂阳光的照射下，散发出动人的色彩和盎然的生机，好像一幅悠远的山水画，令人赞叹不已。

婺源的自然环境优美，物种丰富，森林覆盖率高，是天然的氧吧。尤其是每年的三四月份，漫山遍野都是金灿灿的油菜花，桃花、梨花、杜鹃花、绿茶等与之交相辉映，再加上粉墙黛瓦，好似世间最美的画卷。东线上的篁岭到了秋天也别具特色，婺源水墨桃源的晒秋景观更是景区的一大亮点，篁岭还是江西省首届

春季的婺源漫山遍野的油菜花，非常壮观。

微电影拍摄基地、中国最美乡村旅游目的地。婺源自古还是文风鼎盛、人杰地灵之地，婺源博物馆有馆藏文物万余件，享有“中国县级第一馆”之誉。此外，这里还有风格独特的茶道、傩舞等民间文化艺术，历代的名人故事传说更是经久不衰。

西线景区是婺源自然环境的精华。这里有世界上最大的野生鸳鸯栖息地——鸳鸯湖景区。鸳鸯湖环境幽雅静谧，林木葱茏，水净如碧，每当秋末冬初，成百上千只鸳鸯就会从遥远的北方飞来。除了天然的环境，婺源还以古色古香的明清古村落和优美的田园风光见长，其中木板桥就是一大特色。这些古杉木建造的木板桥，在阳光的照耀下熠熠生辉，璀璨夺目，仿若仙桥。在婺源，最著名的当属有“中国最美廊桥”之称的彩虹桥，始建于南宋（公元 1137 年），不仅历史悠久，而且规模宏大、设计科学。彩虹桥是婺源建筑的典型代表。

群山怀抱中的婺源，四季云雾缭绕，山涧清泉流淌，为绿茶的生长提供了良好的环境。在此生长的绿茶也不负众望，在雨露的滋润下，萌发出馥郁的香气和醇厚的滋味。在浓厚的传统文化的熏陶下，婺源人民形成了自己独特的茶俗。在这里你不仅可以品尝到正宗的婺源绿茶，还可以领略到独特的婺源茶文化。身着中装褶裙的侍者手执清雅精致的茶具，把文士茶演绎得极富文艺色彩；富士茶则是盛在华丽精致的茶具中，被穿着绸子长衫的侍者演绎得富贵、豪华；农家茶则是茶如其名，有一种纯粹浓郁的田园风光。

有人说：“黄山归来不看山，婺源归来不看村。”的确，婺源的乡村之美，在于浑然天成，在于古朴纯真。这里可谓遍布美景，处处是画，缥缈的烟雨犹如雾纱般笼罩在山水之间，古树、民居、廊桥一派盎然古意，整个婺源透着古画中水墨丹青的香韵。最美乡村，婺源不负此名。

摄影小贴士

地理位置：江西省上饶市婺源县

最佳时节：3 ~ 4 月

最佳美景：篁岭、婺源博物馆、彩虹桥、鸳鸯湖景区

拍摄建议：拍摄油菜花在 3~4 月最佳；拍摄红枫在 11 月中旬至 12 月上旬最佳，长溪、篁岭和石城是最佳拍摄地。

深秋的婺源，红枫是最美的景色。

“中国最美廊桥”——婺源彩虹桥，历史悠久，设计科学，外形美观。

西塘 梦里水乡

说起江南水乡，许多人的第一印象就是西塘，这里也是众多摄影爱好者的钟爱之地。有着悠久历史的吴越文化曾在西塘诞生并发展，因而西塘被称为“吴根越角”“越角人家”。古镇内有众多纵横的河道，岸边林立着的粉墙黛瓦透着历史的痕迹，夕阳的余晖为古镇披上了一层柔美的晚装，漫步其中仿若置身梦境一般。

由远及近的西塘景致，宛若水墨画般让人心生爱恋。

西塘在元、明时期逐步发展成为富庶、繁华的大集镇，一度商业繁盛，人口密集，因此才留下了今日的古镇美景。瞧那小桥流水，渔舟唱晚，令人不得不发思古之幽情啊！古桥将小镇连接起来，形成“人家在水中，水上架小桥，桥上行人走，小舟行桥下，桥头立商铺，水中有倒影”的美妙之景。戏台上才子佳人的故事不知流传了多少个日夜，夜幕下灯火闪耀的西塘，又不知迷倒了多少游人，一曲《唐宋元明清》便把蕴含“春秋的水，唐宋的镇，明清的建筑，现代的人”的西塘描述得淋漓尽致。

西塘不仅古桥多，弄堂也多，在这里还可以见到许多廊棚。在众多古桥中，环秀桥的历史可谓源远流长。据传，在晴朗的天气里站在桥上可以看到远处太湖边的青山。若乘船而过则宛如从碧玉环中穿过，而步行则犹如行走在彩虹之巅。西塘狭长而幽深的弄堂约有百条，长短不一，形成了罕见的“一线天”景观。这些弄堂是根据古镇的商业发展来命名的，比如油车弄、石皮弄等，其中石皮弄是最具特色的露天弄堂。石皮弄位于西塘下西街，始建于明朝末期，高高的山墙耸立于两边，显得十分狭窄，有的地方只有0.8米宽，全长大概68米，站在一端，一眼望不到尽头。西塘还有一个独特之处就是这里有许多廊棚。这些廊棚都建造在靠近河边的街道上，全都是黛瓦覆顶，深沉而质朴。廊棚下边贩卖有各种各样的小商品，有些很是精巧，耳边传来操着不同口音的游客讨价还价的声音，颇为有趣，时间就在这闲庭信步间悄然逝去。

廊棚、小桥、乌篷船是西塘三大著名的景致，红彤彤的灯笼更加凸显西塘的静美。

乌篷船是西塘水乡的精灵，也是不容错过的风景。

傍晚是拍摄西塘的好时机，正对小桥的角度正好形成天水一色的画面。

摄影小贴士

地理位置：浙江省嘉兴市嘉善县北部

最佳时节：3 ~ 4 月

最佳美景：环秀桥、廊棚、石皮弄、西街

拍摄建议：拍摄景物时尽量避开人多之处；选择晴好的天气；拍摄内容尽量显得有意境，符合西塘特色。

西街是西塘的主要街道之一，有着水乡典型的街道风貌。街道很窄，打开窗户便可倚窗而谈，抬头仰望即可见延伸的屋檐之间晾晒的衣被，这些都为古镇增添了些许生活气息。说起古镇的商业街，必定绕不过明朝时期繁盛一时的塘东街。此处多有酒楼，曾有“胥塘河边处处楼”的说法，这里的文化独具特色，这里的商人在发展平民文化的同时，也接受儒家文化的熏陶，“宁可架满尘，愿天下无病”，这副百年老字号药店门前的对联就充分体现了儒家的“仁”“和”思想。因为雁塔禅院而闻名的塔湾街，在明朝时期就已酒楼林立，诗人周鼎曾作《西塘晓市》赞叹这里的繁华。保存完好的明清古建筑使这里成为一块宝地。

漫步西塘，行走在曲折斑驳的廊棚下，远眺乌篷船在碧水涟涟的小河上摇曳，别有一番风情。特别是在下雨天或夜幕初降时，泛舟河上，与二三好友共叙衷肠，这种景象想想就让人如痴如醉。如今的西塘，伴随着商业开发和名气增加，游客云集，逐渐褪下了她神秘的面纱，让更多人领略她的风采。

西塘是一首诗，既小巧又抒情；西塘是一幅画，青瓦白墙弄桥长，斜阳映照话流觞；西塘更是一杯香醇的清茶，让游客未饮先醉，流连在这梦里水乡。

西塘的夜色是最美的，悬挂的大红灯笼映照河水像一把把燃烧的火把，拍摄时选用横图最好。

周庄 水乡画廊

位于苏州昆山市的周庄，是江南六大古镇之一，也是我国最负盛名的古镇，素有“中国第一水乡”之美称。踏进古镇，抬头便可看见许多古色古香的古典宅院和数十个壮观的砖雕门楼，由此可以想象周庄当年的繁荣昌盛。

在周庄随处皆是景色，相机的咔嚓声完全停不下来，其中周庄的民居是最不可忽视的。如今的周庄民居还保持着明清时期的建筑风格，古朴典雅的宅院和砖雕门楼，在小桥流水的映照下显得愈发古朴静谧。潺潺流水穿街而过，小小乌篷船载着游人穿梭

碧波上摇曳的乌篷小船，使安详惬意的周庄别有一番趣味。

摄影小贴士

地理位置：江苏省昆山市西南部

最佳时节：春秋季

最佳美景：沈厅、双桥、周庄八景

拍摄建议：早晚时候游人稀少，低色温可以做暖调；古典的建筑可以用光影和虚实对比营造氛围；画面构图上要追求简洁和层次性。

其中，让人想见当时的水乡生活。而每当秋季月夜，皓月悬空时，还有“周庄八景”之一的“南湖秋月”可赏。这样安静祥和的水乡景致也是众多摄影爱好者追求的美好画面。

在周庄沈万三是不得不提的，关于他的致富传说可谓人尽皆知，众说纷纭，其中颇具传奇色彩的便是聚宝盆一说。据说他曾看见一个农夫捕捉了数百只青蛙，于是心生不忍，请求农夫放生，哪知第二天发现所有的青蛙聚集在一个盆内没有散去，他倍感奇怪，便将盆带回家。起初，他并没有理会这个盆，直到有一天他妻子在洗手时，头上的银钗掉入了盆中，就在这时候发生了奇迹，银钗溢满了盆，于是沈万三就成为富甲天下的富豪。

沈万三为后人留下了许多传世的佳话，透过沈厅和色香味俱全的“万三蹄”便可追寻沈万三当年的传奇。沈厅是沈万三的后代在乾隆时期建造的，是一座“前庭后院”的建筑，前楼和后楼中间通过过街楼和过道阁相连接，从而形成走马楼。“松茂堂”是正厅，当中悬挂有“积厚流光”的匾额，四周还有几乎可以与网师园相媲美的浮雕。

在周庄古老的石板桥上信步游览，品味两岸怡然的风光，看到的是水中舟穿桥而过，听到的是柔美的吴侬软语。一杯清茶，

每当秋季月夜，皓月悬空时，便有美景“南湖秋月”，是“周庄八景”之一。

拍摄周庄的夜色并不是在天完全暗下来时，将暗未暗保持着深蓝色调的时候最好。

一方木质桌椅，一碟阿婆菜，好不惬意。有水便有桥，水造就了周庄的婉约，有了水，充满历史气息的小桥才有了风韵灵气，才充满了诗情画意，才使文人骚客醉倒其中。沧桑的岁月变化赋予了周庄桥说不尽的历史韵味，双桥便是其中之一。一幅《故乡的回忆》让周庄双桥从此闻名于世，相互连接的世德桥和永安桥像极了古代的钥匙，故而双桥又名“钥匙桥”。碧水之上两桥如互相依偎的恋人，浑然一体，来周庄的游客不免都要在此留影。

周庄从不缺少深厚底蕴，从古至今无数文人雅士在此流连，写下许多美丽的诗篇。西晋文学家张翰因“莼鲈之思”而抛官弃爵；唐代诗人刘禹锡因开仓赈灾被贬曾寓居于此，当地人刻其名篇《陋室铭》以志纪念；南社巨子柳亚子曾在周庄迷楼与同好会谈会饮，留下无数诗作。更有浪漫、自由的女作家三毛在这里留下了她的足迹，她悄无声息地来，又无声无息地走，静谧、悠然的周庄留下了她的点点足迹。

周庄犹如一篇精致的散文，只有慢慢咀嚼才能品出她那深厚的内涵。悠悠的溪水潺潺流淌，岸边的白墙黑瓦临水而立，偶有晃悠悠的乌篷船从窗下划过，络绎不绝的摄影者拿起相机追拍美景。

“有客清茶待，无事乱翻书”，静谧的茶楼定格着三毛的传奇。

罗平 金玉满堂

位于云南省东部地区的罗平有着“滇东门户”之称，其地理位置十分独特，与云南、广西、贵州三省相连接，故而又有“滇黔锁钥”“鸡鸣三省”的称呼。得天独厚的地理优势，山川湖泊灵气的孕育，难怪明代著名的旅行家徐霞客赞誉：“罗平著名迤东”。其中最令人向往和赞叹的莫过于油菜花了，漫山遍野的金黄，有“金玉满堂”的美誉。

观赏和拍摄罗平，阳春二三月是最佳的时机。此时，金灿灿的油菜花为漫山遍野染上了一层纯粹的黄色，一眼望不到尽头，平地处视野开阔，像翻着浪花的海洋，山坡上是螺丝状的梯田，仿佛湖中荡开的粼粼细波。在阳光的照耀下形成一片闪烁着的耀眼光芒，微风吹过，前期一层层金黄色的波浪，好一派盎然生机。叶子长圆，苍翠欲滴。一阵风来，更是阵阵清香扑面，花香里夹杂着泥土味，令人神清气爽。漫步在如此美景中，怎能不令人沉醉！

等到秋天，晴空万里，天高云淡，这里的色彩就会换成艳艳的深红，沉甸甸的高粱压弯了枝头，那样子特别像弯腰迎接远方

螺蛳田春日油菜花秀美的景色。

的来客，饱满的穗粒如同燃烧的火焰般鲜艳，充满了无限的喜悦，点亮了劳动人民沧桑的面庞。远处的几座高山此刻只能当作陪衬，秀色可餐的模样都被这些风风火火的高粱给比下去了，远远望过去，那圆锥形的山峰像极了粮仓或者谷堆，让人不得不赞叹大自然的鬼斧神工。

在这样丰饶的土地上，彝族、布依族、苗族、回族等各族同胞辛勤耕作，和睦相处，把朴实和乐观写在每一寸土地上。他们保持着自身的传统和民族的特色，又相互吸收，相互交融。走进罗平，你可以到彝族村寨观赏青年男女的欢声笑语，若是有兴趣，你也可以加入他们的摔跤和赛马活动中，更可以参加布依族的少男少女的把式舞和高跷舞，在这里有永远都不会停止的欢乐。

告别趣味盎然的农家乐，沿着纵横的阡陌，找寻新的景色。听多依河汩汩流淌的声音，唤醒宁静的山林。举目望去，风光旖旎，清雅脱俗，漫滩层层，错落有致，小舟悠悠浮动，古老的水车咕噜咕噜转着，如一幅山水图铺在眼前，美不胜收。九龙瀑布群更是以群瀑之势夺人目光，落差各异的瀑布急缓、大小不尽相同，变化出许多奇妙的景观，如紫龙相会、双龙戏珠等，充满了无尽的想象力。到了丰水期，水流湍急，瀑布宽阔，飞泻而下，有雷霆万钧之势，好似游龙窜入水潭，声如洪雷，震耳欲聋。入潭水柱激溅起丛丛水花，弥漫天空。如果正值艳阳当空，就能看到七色的彩虹挂在瀑布上，格外好看。雾气弥漫的时刻，就好像身处缥缈仙境一般，令人产生无限遐想。

晴朗的天空下，春风轻轻吹拂，金色的花海如海浪般翻滚，眼前秀丽的青峰、祥和的乡村、清澈见底的河溪伴着缥缈的牧歌声，都绘就在这幅灿烂绚丽的画卷中，让人陶醉沉迷。

摄影小贴士

地理位置： 云南省曲靖市

最佳时节： 2～3月

最佳美景： 螺蛳田、九龙瀑布群、少数民族风情

拍摄建议： 油菜花是不能错过的景色，2～3月是最好的拍摄时机；早晨和午后是比较好的拍摄时间，光线柔和，色彩鲜明；多用广角镜头；构图上要多变化。

清晨唯美的油菜花景致。

素有“九龙十瀑，南国一绝”美誉的九龙瀑布。

福建土楼 建筑奇观

对于广博悠久的古代建筑来说，福建土楼是一个特殊的存在。这种独特的建筑奇观，是客家先民伟大的创造和智慧的结晶。土楼在崇山峻岭、峰峦叠翠中彰显着“天地人合一”的东方神韵，传承着一个民族不屈抗争、百折不挠的精神，凝聚着一个家族的血脉亲情、宗族团结。

福建土楼历史悠久，源远流长，产生于宋元，于明末和清代逐渐成熟。福建土楼起源于历史上中原的几次大迁移。公元4世纪，由于北方战乱频繁，民不聊生，为躲避战乱民众开始南迁，在此后的几百年中大量的中原人举家搬迁至闽粤一带，这些人群被称之为“客家人”。他们为保护家族、聚集家族力量，建造了独具特色的土楼，成为客家文化的象征，也成为我国传统民居的瑰宝。

土楼之所以奇特，源于其建造形式。土楼的主要建筑材料是泥土和石头，并辅助以木质材料，是将按照一定的比例烧制的黏质沙土，放在夹墙板中夯筑而成，并且房屋都为两层以上，其坚固程度比用水泥钢筋建筑的房屋不遑多让。形式别致的土楼在福建分布甚广，主要集中在南靖、华安、龙岩市永定等地，尤以南靖、永定为最。

多采用俯拍的方式来拍摄土楼布局构造的全貌。

在众多的福建土楼中，最古老的土楼集庆楼已有600多年的历史，代表着土楼悠久沧桑的岁月。集庆楼坐落在永定县初溪村，建于明永乐年间，是两环的圆形土楼。土楼坐南朝北，以中轴线对称，高4层的楼阁分布着近200个开间。72座楼梯将全楼分割成72个单元，最为惊人的是全楼为木质构造，没有一枚铁钉连接，全是传统的榫头相连，被称为“楼梯最多、最奇特的土楼”。

承启楼是福建“土楼之王”，据说始建于明崇祯年间，到清康熙年间才真正完工，历时半个世纪。楼阁规模宏大，构思新颖，在青山绿水中充满着古色古香的乡土气息。有一句话形容承启楼“高四层，楼四圈，上上下下四百间；圆中圆，圈套圈，历经沧桑三百年”。

若是从高处俯瞰，土楼犹如一个个面包圈洒落在这片青山绿水中，或聚集成片，蔚为壮观；或临山傍水，错落有致，在蓝天碧水之间演绎浑然天成的奇思妙想。走进土楼，满目皆是圆形的楼墙，圆形的屋顶，圆形的天窗，以及圆形的天空。

土楼就像是一枚刻有“客家人”的大大印章，每一个客家人身上都刻有这个印记，仿佛是一种生命的标记。有了这个标记才是真正的客家人，无论走到哪里，心就有了归属，脚就有了方向。土楼还像悬挂在天空中的那轮圆圆的月亮，洒下的缕缕清辉犹如游子那联系故乡的情丝，紧紧地缠绕在心间，剪不断、理不清，是对悠远故乡永久的记忆和缅怀。

摄影小贴士

地理位置： 福建省南靖县、永定县等地

最佳时节： 四季皆宜

最佳美景： 集庆楼、承启楼

拍摄建议： 用长角镜头俯拍或仰拍，以展示土楼全貌为佳；细节构图要注重表现土楼的古韵；早晨和傍晚是拍摄的好时机。

狭窄的走廊上各家各户门挨门，悬挂的灯笼显得很喜庆。

夜色中的土楼，灯光映照湖面，显得端庄妩媚。

大理 云南历史文化中心

采用竖图的广角镜头，构图简单、层次分明，形成浓烈的光暗对比。

一部《天龙八部》为大理披上了一层神秘的面纱，同时也让大理印入许多人的脑海之中。其中大理世子段誉温文尔雅、举止有礼、诗书满腹、玉树临风，又武艺高强，颇有侠名。最让人津津乐道的便是他与王语嫣的浪漫爱情。才子佳人的故事让人久闻不厌、回味不绝，神秘的大理古城也因此成为让人魂牵梦萦的地方，许多人到这里来寻找属于自己的梦。

大理是云南大理白族自治州首府的所在地，自古代南诏国开始一直都是云南地区的政治、经济和文化中心，在长达 500 多年的历史中，大理不断改造、扩建、完善。斑驳的历史和灿烂的文化给大理留下了点点足迹，大自然的慷慨赠予更为大理增添了无限风光。

漫步大理就好像在品味一段厚重的历史，它神秘且充满无穷的魅力，吸引着无数摄影爱好者。作为一座历史文化名城，大理外雄内秀，具有浓厚的历史韵味。古城始建于明洪武十五年，外形方正，四面建有城楼，敦厚的墙体连接四方，显得古朴大方。悠然漫步，有几座古建筑很是引人注目，被誉为“天下第一楼”的五华楼是南诏国的国宾馆，饱经沧桑，吸引了众多游人驻足欣赏。文献楼建于康熙年间，具有浓郁的白族特色，极其雄伟壮丽。

在众多的大理摄影作品中，崇圣寺三塔可以说是拍摄效果最好的景物之一，它也是大理的标志。崇圣寺三塔建造于南诏丰诺年间，至今已有两千多年历史。主塔名千寻塔，高 69.13 米，南北两座小塔高 43 米。三塔经受住了千年的风雨，时至今日依然雄伟庄严，正如主塔塔基上所题的“永镇山川”，它以坚定的姿态守护着大理这个美丽的地方。

古老而静谧的大理，往西与连绵的苍山相连接，往东靠近秀美的洱海，温暖而又明朗的风光使大理充满了无限的遐想。下关的风犹如大理白族姑娘手中轻柔的袖卷，带着缕缕香气，轻轻拂过游人的脸颊，温柔而又浪漫，仿佛要留住每一个不羁的心灵。

雄伟而又壮丽的苍山高高耸立在大理境内，冬季连绵的群峰上覆盖着晶莹的白雪，远远望过去，好像一条在灿烂阳光下飞舞的苍龙。洱海就好像一颗跌落人间的宝石，静卧在苍山之畔。风光明媚，波光粼粼，点点渔船在湖面荡漾，每当月圆之夜，月光如水，平滑如镜的湖面映照，恰似天上瑶台。划着木船在洱海畅游，仿佛看到一轮金月隐藏在水中，形成优美的画卷，令人陶醉。

在大理，你需要有着宁静的心情才能领略它的美：苍山洱海的秀丽风光，崇圣寺三塔的禅悟佛性，三道茶里深藏的哲思……这里蕴藏着无数尚未发掘的美景。当你再次回首远望大理，就会发现这里的种种都在自己的人生路上留下深刻的烙印。

迎着阳光的崇圣寺三塔，色彩明丽，在远山背景下更显巍峨。

蓝天白云下，郁郁青青的苍山绵延起伏。

晚霞映照的洱海，烟波浩渺，非常秀美。

摄影小贴士

地理位置：云南省大理市

最佳时节：四季皆宜

最佳美景：苍山、洱海、崇圣寺三塔、文献楼、五华楼

拍摄建议：大理古韵浓厚，山水秀美，可拍摄景致众多，注重时间和角度的变化；拍摄时布局构图要多样化。

乌镇 最后的枕水人家

提到西塘、周庄，就不能不提乌镇。作为江南水乡的代表，乌镇有着水乡独有的小桥流水和古老沧桑的建筑，街桥相连的布局和沿河而建的屋舍，将水和古镇完美地结合在一起；古色古香的楼阁、蜿蜒悠长的石板等独具特色的元素一起组成了乌镇静谧悠然的氛围和“以和为美”的思想。潺潺溪流穿镇而过，乌篷船往返其中，古色古香的店铺林立在街边，纤尘不染的石板小径静谧悠长，漫步其中，一幅江南水乡图画便在眼前缓缓展开。

初识乌镇，便迷恋这里的小桥流水和吴侬软语，小小的乌篷船满载着宁静的岁月，青檐灰瓦的古老民居，错落有致地伫立在河畔，沧桑而宁静。茅盾的故居就是这其中的一座民居，里面的家居布置仍然保持着茅盾当年居住时的样子。朴实无华的老宅紧挨立志书院，茅盾曾在这里立志学习。狭窄的观前街把立志书院文昌阁分割开来。旧时到文昌阁的读书人一般都会有下人陪伴，读书人到楼上读书，而一同前来的下人则等候在一边，悠悠小船就停泊在文昌阁下的河埠边。

在乌镇中缓步而行，你会发现虽历经千年沧桑，但是这里仍然保持着古朴、静谧的美。街巷水阁散落着各式各样的店铺作坊，其中有精致的木雕馆，有好玩的皮影戏馆，有奇特的民俗馆，还有专门制作油纸伞的作坊和染坊。木雕馆中有丰富多彩的木雕，“八仙过海”“龙凤呈祥”“敲锣打鼓”等雕刻体现了乌镇特色的民俗风情。乌镇宏源泰染坊的蓝印花布是其中的代表。在宋元时期就发展起来的宏源泰染坊直到现在还保留着传统的制作工艺，蓝印花布就是利用这些传统工艺制作出来的。这些店铺作坊有的宽敞明亮，有的小巧雅致，也有的质朴浑厚，无不透着水乡的独特魅力。这里还分布着大大小小的茶馆，若是能在傍晚时分，寻一处茶馆，临窗而坐，在轻飘的茶香中，欣赏夕阳余晖下的乌镇，定会别有一番韵味。

摄影小贴士

地理位置： 浙江省嘉兴市桐乡市

最佳时节： 四季皆宜

最佳美景： 西栅、东栅、木雕馆、皮影戏馆、宏源泰染坊、茅盾故居

拍摄建议： 西栅夜色最美，东栅首推傍晚时分的雨景，南栅的古民居街巷较好；日出日落是最好的时机，色调温暖，光影交错，极宜拍照。

乌镇夜景最美，只需沿水岸行走就可发现各种特色景象。

水是乌镇的灵魂，正对着溪流拍摄更显乌镇水乡的灵韵。

水若玉带，桥如环扣。乌镇的水没有飞流直瀑的壮观，没有西子湖的碧波荡漾，但却独有属于自己的宁静之美。对于乌镇来说，水就是这里的灵魂，从古镇西南方向蜿蜒而来的流水分散流入车溪中。弯弯曲曲的车溪缓缓流淌千年，人们在这里捕鱼、泛舟游玩……有了她，古朴的乌镇多了些许灵动婉约。乌镇因水的晕染而显得更加清新淡雅，与高岳“东风燕子穿花雨，落日渔郎隔岸歌”的醉人之景颇为相似。水赋予了乌镇蓝印花布、姑嫂饼及三白酒生命和灵魂。

乌镇小桥众多，你觉得不起眼的一处也许就有着数百年的历史。这些桥最早的建造于南宋，但是大多数是明清时代遗留下来的。桥联让这些小桥在美丽之余又多了一丝浓厚的韵味。有古朴的通济桥、别致的浮澜桥、俊秀的仁寿桥……30 多座小桥形式多样，有简单的木桥，有坚实的石拱桥，还有依河而建的廊桥。逢源双桥因为桥上建有廊棚，所以又被称作廊桥。相传在上面行走，要男左女右分开，于是便有走此桥左右逢源的说法，逢源桥之名也就由此而来。乌镇的桥上大都雕刻有精美的装饰，或花草鸟兽，或传奇典故。

历经沧海桑田，经过千年洗涤，韶华虽逝，乌镇却有着一种饱经岁月的从容，风情依旧。正如《似水年华》中所说的一样：“乌镇永远是乌镇，在这江南水乡最美的一隅……如黄昏的一帘幽梦。”它用一份本真守候一份宁静悠然，不需要粉饰，却拥有独特的永不褪色的神韵。

桥是水乡的链扣，质朴却蕴藏灵光。

普者黑 彝家水乡

普者黑，一个奇怪又神秘的名字，然而它的真正身份却是一方瑰丽秀美的土地。这里水光潋滟，群峦叠翠，山水相依，真乃人间佳境。每一位来到这里的游客都会情不自禁地被这里的风光吸引，虽然在此之前可能已经在脑海中想象过很多次，但等到亲临此地仍是无法自拔，尤其是摄影爱好者。秀丽婉约的风景，富于变化的光影以及典型的喀斯特地貌都是普者黑的魅力之源。无论选择泛舟湖上，还是漫步田间，都是一次令人难以忘怀的人生体验。

夏日荷花盛开是最佳的取景素材，莲叶荷田，非常优美。

摄影小贴士

地理位置： 云南省文山壮族苗族自治州丘北县

最佳时节： 6～9月

最佳美景： 普者黑村、岩溶湿地景观、仙人湖、摆龙湖

拍摄建议： 普者黑素材众多，可根据不同的色彩构织不同的意境画面；田园风光、夏日荷塘、日出日落几乎是必拍的景色。

举目望去，湖光山色，清新秀丽，碧绿的水映照蓝天，山林野趣，浑然天成，犹如人间仙境。山峰险峻中又透着秀美，在清澈的湖水中耸立着，异常壮观，好似万马奔腾，气势磅礴，实在撼人心魄。

普者黑拥有 16 个湖泊，水面开阔，湖泊由河道贯穿，连接成一体。湖水清澈透明，宛如翠玉。水面微风送爽，波光粼粼。其中摆龙湖岛屿林立，星罗棋布，妙趣横生；普者黑湖、仙人湖等秀美的景色，就如同一位清丽脱俗的美女。如果阳光明媚，可以租来小船，慢慢划进水塘深处。蓝蓝的天空，偶尔有白鸥划过，白云飘浮，映入水中。俯身看水，水天不辨，小船如同浮萍荡漾在湖中，好不惬意。小舟缓缓而动，泛起细波，层层荡开，“接天莲叶无穷碧”的美景，更是妙不可言。

在普者黑，最有趣味的就数打水仗了，那种场面与云南傣族的泼水节可完全不同。如果你还对童年的游戏有些记忆，那么这种童心未泯的打水仗仿佛会把人带回那个只有蓝天白云的年纪。人们划着竹筏或者小舟，来到湖面开阔的地方，不用分组，不用制定规则，直接开战，顿时就只见水花四溅，大家你追我，我躲你，到最后都全身湿透了，笑声、水声交织在一起，回荡在青山绿水之间。阳光灿烂，万里无云，一会儿身上的水就干了，此时此刻，看着众人的样子，你有没有想起儿时的玩伴和远方的故乡呢？

山水秀丽，风光优美，泛舟湖上别有一番趣味。

除了打水仗追忆往事，游历普者黑还能欣赏到世界最大的岩溶湿地。被誉为“世间罕见、中国独一无二的喀斯特山水田园风光”，普者黑可谓名扬海外，风光无限。八十三个溶洞暗布水乡之中，洞里面有着千姿百态的钟乳石，不断变化着造型，沿着石洞往里走，一路上有赏不完的绝妙景致，就好像在探索未来世界的奥秘，十分刺激。

造型各异的溶洞，色彩斑斓。

来到洞外，良田千亩，平阔的土地就地铺开，金灿灿的油菜花照亮一片天空，蝴蝶蜜蜂成群结队，好不热闹。这里没有半点遮拦，所有美景一览无遗，独有几座孤峰傲然耸峙，亭亭玉立。田垄条条笔直，像用尺子画出来的一样，乡间的小路一直延伸到远处的村庄，当地居民世世代代都在这里和睦相处，他们与世无争，宁静淡泊，完全融入了大自然之中，与清风明月相伴，和山峰湖泊相依，独自享受一方佳境。

炊烟袅袅的村落里，偶尔有一两声犬吠响起，更衬得此间辽远空阔。错落有致的屋舍，蜿蜒曲折的街巷，古色古香的色调柔软了你的视线，一切都是如此的静谧，仿佛相机清脆的咔嚓声都会打破这种古老的安宁。

凤凰古城 湘西明珠

想要拍摄韵味独特的湘西风光，那么凤凰古城是少不了的。在我国一直有着“北平遥，南凤凰”的说法，平遥与凤凰天分南北，风情迥异，然而都具有无与伦比的美。沈从文的小说《边城》把湘西山区凤凰的美丽呈献给世人，当捧读此书时，不知有多少人被那凄美的爱情故事所触动，更不知有多少人已经开始寻觅那座神秘的小城。

摄影小贴士

地理位置：湖南省湘西土家族苗族自治州凤凰县

最佳时节：四季皆宜

最佳美景：沈从文故居、沱江吊脚楼、凤凰八景

拍摄建议：秋冬季节拍摄比较好，色温色调都比较符合古城特色；高位拍摄可以展现古城的古韵之美；早晚拍摄最好，人物景致不太受时间的限制。

沈从文曾这样描述凤凰："若从一百年前某种较旧一点的地图上寻找，当可有黔北、渝东南、湘西一处极偏僻的角隅上，发现一个名为'镇竿'的小点，那里同别的小点一样，事实上应当有一个城市，在那城市里，安顿下三五千人口，这就是凤凰古城。"由于地势的原因，它隐藏在山林间，鲜为人知。然而追寻凤凰古城的历史要回溯到遥远的春秋时代，在经历沧海桑田之后，这里成为一个宁静、祥和的港湾，成为世间的一方净土。在这片土地上，众多的少数民族和睦相处，如苗族、壮族、回族等 28 个民族相亲相爱，共同创造了这里的美丽。他们勤劳、善良而又淳朴，身怀许多民间技艺，并且在衣食住行和平时的礼仪交往等方面还保持着古老的习俗。他们的民族服饰也异常漂亮、繁杂。女子有配套的耳环、项圈和手镯等饰物，男子大多数穿大襟或者对襟的短衣，下面是长裤，每个民族都有不同的特色。

漫步凤凰，细品小城，凤凰独特的美会让你感觉坠入如诗如画的人间仙境，当然前提是没有拥挤的人群。沱江是凤凰的母亲河，她犹如张开双臂的母亲环绕着古城，为古城提供源源不断的乳汁。可以乘着乌篷船漫游，艄公悠扬的号子声在耳边回荡，远处临水的吊脚楼别有一番韵味。顺流而下，凤凰古城所有的精华都一一在眼前展现：万寿宫、万名塔、夺翠楼……各个景致悠然而立，坐在船上静静地欣赏品味，仿佛置身于远离尘世的桃源仙境，让人沉迷其中，久久不愿醒来。

碧绿的江水倒映着古城两岸的美景，令人赏心悦目。

古老的青石板铺就的街道两旁的建筑，高墙飞檐，古朴幽静。

跟着乡民欢乐的歌声，和他们载歌载舞，沿山道一路走向小城，听见汩汩水流的鸣唱，心情瞬间便轻松起来。或泛舟沱江，躺在乌篷船里，看水流清澈，悠游缓和。顺流而下，依江而建的吊脚楼鳞次栉比，精美的雕梁画栋和迎风飞展的斗拱飞檐令人赏心悦目。天色晴朗，云浮蓝幕，虹桥飞渡，横跨江面，势如腾蛟，宛如山水画卷中的一抹丹青。

步入青石板铺成的街道，沿岸耸立着沧桑古朴的城墙，远处的南华山挺拔俊秀，风光旖旎，享有“凤凰八景之冠”的美称。北城城门如半弯新月，两扇铁门树立，虽已锈迹斑斑，但气势犹存。回龙阁古街的热闹迎面扑来，密集的小巷纵横交错，沟通全城，街道两边的店铺中陈列着许多极具特色的手工艺品，它们为古城增添了浓郁的文化色彩。既然来到了凤凰，那么必然得去拜访一下沈从文先生的故居，寻找那故去的足迹，感受一颗赤子之心的纯真。踏着石阶，还可以去欣赏欣赏朝阳宫的山水花鸟浮雕和古老悠久的戏台，奇梁洞的秀丽风景和文化印记，黄丝桥古城独特的历史风韵，书家堂山溪环绕的古朴秀美。

风雨沧桑三百年，凤凰古城如今古韵犹存，悠悠碧水蜿蜒而去，古朴雅致的吊脚楼临江而立，行走在光滑的石板路上的苗家人，唱着苗歌小曲儿，悠闲自在，清浅的沱江映着美景，整个古城宛如一幅充满诗意的山水画，令人向往。

一排排停泊的乌篷小船，凸显着凤凰古城的宁静安详。

夜晚的凤凰古城灯火辉煌，充满热闹和喧嚣。

禾木 中国第一村

长久以来，禾木一直是摄影圈内著名的摄影胜地，单纯从摄影角度来说，禾木可以说是“天堂”般的存在。那里的景色犹如调色板一样多彩绚丽，在夕阳下，天光云影缱绻多姿，有着未被污染的原始与宁静。

禾木村坐落在群山环绕的河谷里。走进村落，小河蜿蜒、零落的木房和茂密的桦林装点着村落的景色，一切皆显得如此地静谧祥和，犹如世外桃源展现在眼前。那一栋栋低矮的小木屋和散布在各处的牛羊，在蓝天白云下与远处的雪峰、近处绿色的草地构成了一处优美的自然与文化景观。那些看起来带有原始气息的较为简陋的小木屋，是图瓦人的居住之所，但其结构设计却十分巧妙，粗大的原木修葺的房屋，简约结实，屋顶是人字形的雨棚，可以避免积水积雪，防塌陷、防潮效果良好。由于这里冬季时间长，风雪大，房屋的木桩地基被埋得很深。

群山脚下的禾木，静谧安详。

在禾木村还有一座非常具有代表性的建筑，那就是禾木桥，在经历了上百年冰川溶水的冲击下，依旧坚固如初。桥下冰冷清冽的河水犹如白玉般温润而纯洁，岸边的绿色植被被水气滋润得青翠欲滴，苍郁葱茏。跨过禾木桥，满眼的白桦林，温暖的阳光穿过林间缝隙的情景充满诗意画意，置身其中，仿佛可以抛去尘世的一切烦恼，只剩空灵的自己。

禾木的秋色是喀纳斯区域最美的，是时色彩铺洒，绚丽斑斓，一派原始的自然风貌，生动美丽。站在周围低矮的山坡上可俯瞰村落和河流的全景，远可观温煦的日光、皑皑的雪峰，近可览静谧的图瓦人家，是拍摄村落各色美景的绝佳取景地。

清晨，阳光铺洒在远处的山顶上，茂密的白桦林被染成了金黄色，阳光穿过村子上空的朦朦水汽温暖地斜照下来，似乎在小心翼翼地叫醒这个依旧在美梦中沉睡的美丽村庄。在阳光的斜照中，木屋前围栏被拉出长长的光影，好像在竭力挣脱大地的束缚。炊烟袅袅升起，日出而作的村民已经开始新的一天，简陋棚里的牛马也开始躁动起来，相互之间嬉戏玩耍，等待着主人的到来，准备开始新的一天。傍晚时分，村子回归宁静，山坡上的白桦树经过夕阳余晖的映照，安详、静美，好像是一幅色彩斑斓的油画。

在群山的怀抱里，禾木村静静地依偎着，繁盛的树木与尖顶小木屋交相掩映，吃着青草的牛马随意地漫步在山谷的各个角落。蓝天白云掩映下的小河从村子旁缓缓流过，凝结的淡淡水汽在树林中如云雾般流动，好像一条轻柔的白丝带，在天地之间飘荡。

禾木的美无与伦比，如油画般的白桦树一簇簇地环抱着它，静静流淌的禾木河孕育着灵气。记得有人说过禾木是青蓝色的，明暗交织的时光仿佛定格于此，你便可以感觉到一种静美，一种不敢妄动的静美。

简易质朴的木屋构成整个村落，充满原始的味道。

秋季是禾木最美的季节，也是最佳的摄影时段。

情迷沉醉的人间乐土

摄影小贴士

地理位置：新疆阿勒泰地区布尔津县

最佳时节：6 ~ 10月

最佳美景：禾木桥、禾木村日出与日落

拍摄建议：秋季是最好的拍摄季节；晨曦、白桦和小溪是摄影者的三大最爱，在镜头的画面中充满层次感和立体感。

丽江古城 慢时光之城

近几年来，丽江被人们戏谑为“艳遇之都”，似乎逐渐丧失了它原有的本色。实际上，小桥流水人家的丽江才是它真正的特色，那婉转的溪水、古韵浓浓的老城才是丽江最真实的部分。弥漫的时光仿佛在这里停滞，慵懒闲适像潮湿的雾气，浸入每一寸山石，每一滴泉水，从街巷穿进城市的深处。古道上没有带污秽的脚印，善良的姑娘微笑着从你身旁路过，像柔和的春风醉人，专注于手工的民族少年，仿佛在制作无上珍宝……这里就是丽江古城。

初入丽江，浓浓的古城韵味便扑面而来，相互伴依的两架大水车，一年又一年永不停歇地悠悠转动着，见证着古城千年岁月的变迁。错综的街道互相交叉，偶有身穿民族服饰的少女穿梭其间，不似都市里的行色匆匆、面无表情，她们充满了快乐，纯真的笑容能令人忘记烦恼和忧愁。一个地方若是缺少水，就会缺乏灵气，而水便如血脉，滋养着丽江这座远离世俗的古镇。美丽的玉河穿城而过，分成无数细小的溪流，遍布古城的大街小巷，迎风飘摇的杨柳好似少女舞动的身姿，为古城的宁静之美增添了些许的韵律动感之美。

来到丽江，不可不走流水小桥，不可不观历经沧桑的木府。一部《木府风云》让这座丽江的“紫禁城”广为人知，透过它仿佛在观看云南土司家族的兴衰史。历经沧桑的木府经过重建之后，犹如凤凰涅槃，向世人展示其独特的魅力。有学者曾说“不到木府，等于不到丽江”，足可见木府在丽江的重要地位。木氏土司家族经历数百年的历史，宏伟壮阔的木府有着极为精致的美，这种美令人赞叹不已，就连旅行家徐霞客游历木府之后都曾赞叹“宫室之丽，拟于王室”。木府的整体布局十分严谨，不仅有宽敞明亮的议事厅，还有装满了文化的万卷楼，更有专门宴乐的玉音楼……木府有着浓郁的王者之气，但是整个建筑格局却没有按照“居中为尊”来设计，而是建造在了城南一角。坐西朝东寓意“迎旭日而得大气”，可谓匠心独运。

位于古城正中间的是交通发达、有着众多商贾的四方街。四方街可以说是丽江的经济中心，沿着山势建造有纵横交错的五彩石花街，历史悠久的文物古迹为这里增加了浓郁的文化气息。明清风格的建筑，看似古朴，不事修饰，其实里面却异常秀美、精巧，这里几乎每一户都有花木盆景，因而古城也就有了“山城无处不飞花”的美誉。

白天的古城秀丽典雅，夜晚的古城则是躁动与安然并存。流光溢彩的灯光把河边的翠柳和流动的小溪渲染出无限的风情，不乏大都市的喧嚣热闹，并且别有一番韵味。若是想寻一处安静之所，怕要缓缓而行，也许转角便会遇到你的理想之地。杨柳微风中，或静静而坐，或与朋友喁喁细语，或在斑斓美景中漫步而行，好不惬意。

这座古城浸透了历史的沧桑变化，经过了岁月的沉淀，才有了现在的美丽和深刻内涵。踏着青色的石阶，每一步似乎都会踏响历史的音符、优美的旋律，久久传诵的故事就是歌词。那摄影师留下的各种作品仿佛就是时间凝结下的古城，古韵优美。

摄影小贴士

地理位置：云南省丽江市古城区

最佳时节：四季皆宜

最佳美景：万卷楼、木府、四方街等

拍摄建议：充分利用自然光线，注重色彩的反差和协调；丽江古城素材众多，要注意古城特色场景；构图尽量干净，突出特点。

万卷楼可谓木府的精华，高大巍峨，显示着木府昔日的辉煌。

四方街在古城的中心，道路都是由彩石铺成的，这里独特的商业文化吸引了众多的游客前来。

平遥古城 中国古建筑宝库

平遥古城在民居摄影中是不可或缺的部分，那浑厚浓郁的历史底蕴让包容万物的相机似乎也不能展示其全貌。平遥古城，这座被称为“保存最为完好的四大古城之一”的西部古城历经凌厉的风霜，正在向世人展示一幅文化、社会、经济、历史的画卷。

巍峨的古老城墙，远远便可见其壮观的气势，行走其上，抚摸的是风雨侵蚀的痕迹，感受的是历史的厚重感，眺望的是满城古色，大大小小的建筑有条不紊地排列在一起。进入城中，便可见保存完整的寺庙、县衙、店铺、民居等古老而沧桑的建筑，喧嚣与热闹的现代气息和充满古韵的建筑相得益彰，游览其中仿佛开始了一场精彩的时空之旅。祭祀孔子的文庙在现存的文庙中以

饱经风雨的古城墙，沧桑斑驳，依然巍然屹立。

历史悠久而著称；被辟为博物馆的清虚观是古城内最大的道馆，始建于唐，清时更名为此；城墙上用以增强防御能力的四座角楼，宏伟精美……这些历经沧桑变迁而不衰的古建筑是平遥古城的精髓，很好地诠释了古城的真谛。

在古城内诞生的日升昌票号是“全国第一家票号”，位于号称“大清金融第一街”的西大街，以“汇通天下”通行于世，分号遍布全国各地。因诚实守信，甚至国外也有其分号，堪称当时清王朝的经济命脉。如今，“汇通天下”的匾额虽已不复昔日的光鲜亮丽，但它仍是民族银行业开始的标志，是一个时代辉煌的见证。

我国第一家票号——日升昌。

平遥还保存着有 600 多年历史的古代衙门，这里评判过无数的案子，是为百姓主持公平正义的地方。作为四大古衙之一的平遥县署始建于北魏，直到明清时期才定型，同时也是我国现存规模最大的古衙。对称的布局、错落有致的结构使这座县衙庄严之外又多了一些精致巧妙。第十一世班禅在游览了平遥之后曾题词，“平遥县衙，古衙之最”，足可见平遥县衙魅力不凡。

平遥县署始建于北魏，经过了数百年的历史风霜，依然绽放着独特的魅力。

除了古老的建筑，平遥还有浓重的乡土文化色彩。用竹木和彩绸编制而成的彩舫常用于民俗表演，一人佩戴假脚似盘坐船中，一人持桨扮船夫向前划动，如同在路上行船，生动而形象。还有技艺高超的踩高跷表演，他们既可以踩着高跷下软腰，还可以凌空跳过设置的障碍物，更有精彩的《白蛇传》《唐僧取经》等表演，花样繁多，令人叹为观止。更为壮观的是龙灯表演，形象逼真的龙灯在鼓声配乐的伴奏下，蜿蜒起伏，灵活自如。晚上观看龙等表演则场面更为壮观，龙身内放置有一些蜡烛，在夜幕的映照下，龙灯气势愈发威武。

有人说，平遥古城就像一本古书，里面记载了无数的历史沧桑和变故。它把曾经的沧海桑田、历史风云刻进字里行间，在浑然不觉间就已身处历史的浪潮中；它从遥远的历史中走来，不再平常，不再遥远，带着悠悠古韵，让人们很轻易地迷失在那厚重的城墙背后的前朝往事中。

摄影小贴士

地理位置： 山西省晋中市平遥县

最佳时节： 四季皆宜

最佳美景： 文庙、清虚观、平遥县衙、日升昌票号

拍摄建议： 平遥古城古韵浓厚，拍摄景致要展现特色；晨曦或是傍晚从高处俯拍更能体现古城美色。

第六章

散落天涯的遗珠之美

雾凇岛 冬季的玉树琼花岛

提起东北的冬季，人们一定会想起那无边无际的皑皑白雪，还有狂虐的呜呜北风，所有的寒冷似乎都集中在那里。在严酷的寒冬之下，所有的美景似乎都已经沉寂，没有绿草如茵，没有姹紫嫣红，但是当寒冷成为一种极致也就演变成为一种美景。这就是与桂林山水、云南石林、长江三峡并称为中国四大自然奇观的雾凇岛。

在江面雾气还未散尽时拍摄，景致更好。

雾凇岛是吉林省域内松花江上的一个小岛，每年的冬季，这里宛若仙境一般，无数的游人和摄影爱好者不远千里在 -30℃的寒日里欣赏、拍摄。在寒潮滚滚的季节，春日里一排排柔软的柳枝成为枯枝，挺拔直立的青松翠柏，江水两岸枯萎的草丛变成玉树琼花，晶莹皎洁。所有的景致都被装扮得婀娜多姿，冰清玉洁，富有美感，富有诗韵，让人舍不得放下手中的相机。

雾凇是大自然创意的杰作。雾凇原名“树挂”，形象生动，后来人们又赋予壮丽的奇观一个更富有诗意的名字——雾凇，被誉为我国四大奇观之一。雾凇岛的雾凇之所以名闻天下，是在于它范围之广、时间之长令人惊叹，以及那形态各异、洁白蓬松的体态，雪白的、厚厚的凇层如同刚刚弹过的棉花，晶莹剔透。

在雾凇岛并不是每天都有雾凇，想要拍摄的话一定要注意，这里面也是有规律可循的。一般来说，要是前一天的晚上出现雾气，第二天就会有雾凇，有时候还会出现目不见尺的大雾，不过这种情况会影响到拍摄的光线。

有日出的清晨是拍摄美景的好时机。当太阳缓缓升起，松花江上厚重的白雾开始慢慢消散，雾凇开始展示它曼妙的身姿。晴空万里之下，两岸千姿百态的雾凇晶莹剔透，冰清玉洁，不少的摄影爱好者都已早早地摆设好三脚架，渴望捕捉到最美的景致。当气温渐渐升高，在阳光的照耀下，一片银装素裹，银光闪闪。柳枝上的雾凇毛茸茸的，形状千奇百怪，放眼望去，真的是“忽如一夜春风来，千树万树梨花开”。

傍晚的雾凇岛另有一番景致。昏黄的阳光和洁白的雪景映照在平静的江面上，天水一色，层次分明。此时雾气都已散尽，站在江面遥望逐渐西沉的落日，天地悠然，一派静美的景色。要是再晚一些，江面上就会出现新的雾气，朦朦胧胧弥漫江面，望之好似仙境。此时拍摄一定要借助阳光，保证光线的充足，采用广角的镜头最好。

“奇葩竞放迎风舞，艳丽纷呈作雪飞。”飘飘洒洒的雪花漫天飞舞，人们在这如画的景致中追逐着，偶有几个顽童堆起了雪人，嘻嘻哈哈，非常欢乐。不少摄影者已经收好了相机，讨论着自己抓拍的美景，相约着去吃热气腾腾的杀猪菜。洁白、壮观、优美，这就是雾凇岛的特色。

摄影小贴士

地理位置： 吉林省吉林市龙潭区乌拉街满族镇

最佳时节： 冬季

最佳美景： 雾凇、雪景、日出、日落

拍摄建议： 每年的 12 月下旬至次年 2 月底是最佳的拍摄时间；韩屯村、曾通村是雾凇最为集中和最佳的拍摄景地；注意相机在寒冷天气的防护和使用。

厚厚的雾凇悬挂树枝，天地一色，景色非常优美。

静美的落日景观，画面干净，层次感强。

福建霞浦 最美的滩涂

霞浦，顾名思义，一片铺满霞光的美丽滩涂，它位于福建省宁德市，台湾海峡的西北岸，其海岸线绵延 400 多千米，滩涂面积约 100 万亩。此地仿佛独得上天厚爱，被赠予世间最美的霞光来装点自己。天光霞影倒映在地上百万余亩的滩涂中，天地相接，融为一体，在晴朗的傍晚临海而立，“落日熔金，暮云合璧”之壮阔美景尽入眼帘，令你不由得在心里叹一句：古人云，天地有大美而不言，信矣哉。想要去形容一番这云霞丽天、江河涌地的绮丽美景，却只觉词穷，唯有默默举起相机，按下快门。

中国滩涂之精华在霞浦，而北岐的滩涂却是精华中的精华。在这里，每一幅景致都像是流动的图画。站在高高的瞭望台上望下去，脚下时而平缓、时而激荡的海潮在瞬息万变的霞光映照下宛若跳动的火焰；远处海面上错落的小岛仿佛撒落的粒粒珍珠，散发着让人心动的韵致，寂静的夜空里点点闪烁的渔火在这微冷的海风吹拂下带来丝丝的暖意；更远处那深邃的青山像沉沉入睡的巨兽，静默在无边黑夜中，守护着这一湾浅水。

霞浦的日出景色非常静美。

当零星的几缕星光渐渐隐退，当晨曦慢慢从天边漫延开来，当红日跳动跃出海面，刹那间，天地之间的画面开始生动起来，伴着海风与海浪出行的渔船将日出胜景点缀得更加绮丽多姿摇曳生情。无数网帘，万千竹竿，还有种植海带的浮筒和浮标小船，星散于波光粼粼的水面上，错落有致，疏密有度，让整个霞浦滩涂生动起来，活跃起来。滩涂上巧夺天工的点、线、面无意中暗合了几何排布原理与图画审美要素，无论从哪个角度望去，你都能得到一幅赏心悦目的渔民海耕图。

优美滩涂的形成离不开海水，海水涨潮时此处成为浅海，退潮时成为海滩，潮起潮落间，也有值得一赏的独特风景。每日两

无数网帘，万千竹竿，数叶小舟，错落有致，疏密有度，一幅赏心悦目的渔民海耕图。

次如约而至的汹涌海潮犹如万千触手，缓缓深入腹地，在得逞之后又急忙返身撤回大海，那种群山之中万流涌动、惊涛拍岸的澎湃画面令人震撼，原来静美的滩涂还有如此激荡翻腾的一面。

除了绮丽多姿的霞浦美景和动荡激越的潮涨潮落，沉静的东壁村也吸引了无数游人慕名而来。在这条九曲十八弯的山路上，千变万化的山间风景每每在峰回路转处陡然现于眼前，令你一扫旅行中的疲惫，立刻精神一振、眉耷目爽！那姿态万千的云朵好似调皮的孩童，一会儿在山头躲着迷藏，一会爬上树梢荡来荡去，好不欢快。当一阵清风吹过，它们又像流动的清泉在群山间时急时缓，偶尔会遮挡着阳光只留下一束光芒，好像在玩耍手电筒一般，让人感叹造物者的神奇和有趣。

在霞浦，面向大海，看着光与影在天地间毫不吝啬的华美铺陈，光着脚踩着细腻柔软的沙滩，碧海蓝天间有着无边的惬意。这里有如梦似幻的霞光云影，这里是无数摄影者的天堂，“中国最美丽的滩涂”颁给霞浦，实至名归。

摄影小贴士

地理位置：福建省宁德市霞浦县

最佳时节：四季皆宜

最佳美景：霞光丽影、日出日落、潮起潮落、东壁村

拍摄建议：注重光影的运用，选择在早晨或傍晚较好；远景选用长镜头或广镜头最好，可以表现方寸间的美感；拍摄潮汐时，一般在退潮以后。

漫天的火烧云，映照得海面一片金黄，天水一色。

东川红土地 赤色田园

在我国西南边陲的云南乌蒙山区，隐藏着一片被称为“世界上最有气势的东方红土地”，绵延起伏的山丘上色彩艳丽，仿佛是大自然不小心遗失的红色调色板。在一个被称为花石头村的小村落周围几十千米的范围内，红色连绵，重峦叠嶂，星星点点的绝色景致，构成了这片神奇的红色土地壮美奇异的自然画卷。

摄影小贴士

地理位置：云南省昆明市东川区

最佳时节：5～6月、9～12月

最佳美景：月亮田、落霞沟、螺丝湾、打马坎

拍摄建议：东川红土地的视觉元素丰富，但应避免画面杂乱；用广角拍摄可以层次分明，给人以视觉的震撼；用中焦或长焦可以避免画面分散。

看着这漫山遍野的红，不禁心生疑问，这里难道真的是大自然遗留下的红色调色板？抑或是大自然精心留下的绘画杰作？在若干亿年前，大地运动发生了巨大的裂变，运动的地壳相互挤压、隆起，各种元素聚集，特别是铜和铁元素在日积月累、风雨侵蚀、阳光照射下逐渐沉淀下来，颜色更加浓郁红润，形成了现在这奇异瑰丽的色彩。可见这里虽不是大自然遗留的调色板，却也是天造地设、岁月积累而成的。

东川红土地上的诸多景观较为集中，基本上是以花石头村为中心呈圆形散开，每个景点的距离不是很远。在这众多的景点中，尤其以红土地大观、月亮田、螺丝湾、打马坎等最为著名，几乎是游人必到之处。打马坎位于花石头村的北边，沿线一带人气极旺，也是拍摄美景的好去处。打马坎听起来像是一个沟壑，实际上也是一个村庄，景色非常优美。最美的景色是每日的晨曦，当从高处俯瞰整个村落，白白的雾气笼罩着村庄，像一条缥缈的白纱在上空舞动。东边的红日渐渐地升起，耀眼的阳光穿透雾气给静谧的村庄又抹上了一层金黄，格外醉人。

当红日悬挂高空，一片金色洒向大地，铺满整个红色的土地，异常耀眼。而在春夏之际，漫山遍野的绿色麦苗随风逐浪，翻涌如涛。一片片油菜花格外引人注目，远处升起的袅袅炊烟犹如云海在上空飘荡，早晨赶牛饮水的老农清唱着古朴的腔调在天地间回荡。这是世人心目中优美的田园乡村风光，是苍天赐给东川独特的礼物。在花石头村的千年龙树、月亮田等景观中，落霞沟无疑是最为著名的景观。落霞沟由群山环绕而成，因一片土地上呈现五种色彩而被誉为落霞，斑斓的色彩异常耀眼，若是从高处俯瞰，可以瞬间冲击你的视觉，带来极大的震撼。

深邃的蓝天，艳红的土地，鲜明的色彩对比更加凸显出山脉磅礴的气势。

不同的光线下，红土地呈现出不同的景色，这也是拍摄景观时需要掌握的。日落时分，火红的太阳缓缓沉入天际，把云彩晕染得绯红，与艳红的大地连成一片。月亮田虽没有落霞沟的五彩缤纷，却是层层叠叠的梯田，那柔软绵延的堤坝犹如优美的曲线，就像展开的山水田野画卷。想要拍摄红土地最佳的落日景观，螺丝湾、瓦梁房子、乐谱凹是最佳的选择。

红土地上层层叠叠的彩色梯田。

东川红土地一年四季都可以去旅游，最适合拍摄的时节是每年的5～6月和9～12月。每逢春暖花开、万物复苏之际，这里的色彩变得更加丰富，一派生机盎然的气息。到了秋季，丰收的场面更为壮观，红黄交织，整个红土地就像一副巨大的调色板。如果你站在绵延山丘的高处，闻着空气中散发着清香的泥土气息，举目四望，近处的田园在雨水的滋润下色泽如碧，生机勃勃；远处的红色群山起伏连绵，红若焰火。在这片神奇的土地上，拿起手中的相机拍下大自然精心留下的景致，不能不说是一种愉悦。

芦笛岩洞 桂林“国宾洞”

世人皆知桂林山水甲天下，但是桂林并不只有地面上秀丽的山水景色，还有着令人惊奇的喀斯特地貌隐藏在深邃的“洞穴”中。在这些崎岖幽暗的洞穴中，芦笛岩洞无疑是其中的佼佼者。闻名遐迩的芦笛岩洞还有一个体现它身份的名字，叫作“国宾洞”，从开放至今已有 200 多位国内外重要的贵宾来此驻足欣赏，每年都会有成千上万的游人为其壮丽的景致所倾倒。

在水的倒映作用下，石柱、灯光、湖水浑然一体，形若悬空。

芦笛岩洞的由来十分奇幻，带有极其鲜明的东方神话色彩。相传嫦娥仙子感念人间疾苦，不忍目睹官兵欺压百姓，搜刮民脂民膏，于是便暗中劫获皇帝寿诞的贡品，藏在桂林城外一石洞中。后因乡绅强占，村民无法享有，嫦娥仙子盛怒之下将其变为钟乳石。故事的内容犹如溶洞一样跌宕起伏，充满着神话的传奇色彩，也给这美丽的洞府蒙上了一层神秘的面纱。传说虽不可信，但是如此壮丽的景观不能不让人遐想。

进入芦笛岩洞，水道曲折，碧波荡漾，水石难分，奇幻异常，好像遨游东海龙宫一般。数不尽的钟乳石大小不一，形态万千，在各种色彩灯光的照耀下五彩斑斓，宛如霓虹。站在洞府的中央，色彩映照，不禁生出一种朦胧的感觉，令人惊叹。

在洞中，上面有石钟乳悬挂，下面有石笋生长，说其生长是因为这些石柱真的在一点点地变长，独特的喀斯特地貌孕育了这种奇特的自然景观。举目四望，这些石柱粗细长短不一，有的肥硕雄壮，有的瘦骨嶙峋；形态各异的石柱在灯光的照射下呈现出不同的形态，有的像是长了翅膀的飞马，有的像是静卧的黄牛，还有的形似咆哮的雄狮，潭边的那块岩石又像龙头，深藏水里，大有腾蛟出海之势。最高处的石笋端庄秀美，外形酷似观音菩萨，慈祥的面容在灯光的映照下惟妙惟肖，遍布在周围的低矮石笋好似信众一般对其顶礼膜拜。再看远处倒挂的石笋好像一杯巨大的

犹如雨瀑般的石笋在紫色灯光的映衬下，层次更加明晰。

冰激凌，又感觉像是一把熊熊燃烧的火炬；还有那些波澜起伏的“壁画”也是形态万千，有的形若斑斑鱼鳞，有的像盛开的莲花，有的如聚集的蘑菇，还有的似展开的屏扇……尽管随意发挥你的想象，几乎所有能够想到的景致，在这里都能够找到。

在芦笛这座艺术的殿堂里，有着数不尽的景观景致，也因此吸引了无数的文人墨客、大家名士在此留下墨宝杰作。至今在洞中仍然保存着唐末以来的大量壁书，如“一洞”“二洞”“三洞”和“洞腹”等字样，这样简单的标注显然是对众多洞府的划分。此外，对于那些极具形态的石笋都有着符合其形状的命名，如“龙池”“塔”等。这些题字虽不是很多，却风格迥异，笔画之间展现出强弱、粗细的变化，格局构造极为用心，体现出深厚的运笔功力，具有很高的艺术价值和研究价值。

无论你为何而来，芦笛岩洞里总有你喜欢的奇景，随着洞府不断地深入，值得品味的东西就会越来越多，每一个人欣赏的角度不同，品位高低有别，自然领悟的层次也不尽相同。在旅途中相互分享所见所闻，难道不也是一种快乐吗？

摄影小贴士

地理位置：广西壮族自治区桂林市西北部

最佳时节：四季皆宜

最佳美景：石笋、石乳、石柱、石幔、石花

拍摄建议：灯光造就了芦笛曼妙的美景，因此在拍摄时要追求光线色彩的完美搭配，形成真正的视觉盛宴。

浓烈的明暗对比，好似仙境一般，更显洞府的神秘与缥缈。

额济纳 胡杨林的观景胜地

对于摄影爱好者来说，位于内蒙古自治区最西端的额济纳是不能不去的地方，那秋季里深邃的金黄令人沉醉，那千奇百怪的胡杨林让人震撼。在蒙古语中“额济纳”被称为“先祖之地”，有人认为这里曾是匈奴最早的国都。如今这里被茫茫戈壁、浩瀚沙漠所包围，绿色仿佛绝迹，然而处于“生命极致”的胡杨林却顽强地存活了下来，并已绵延千年，在呼啸的风沙里绽放着永恒的魅力。

“活着千年不死，死后千年不倒，倒后千年不朽”，这是人们对胡杨林的赞誉。额济纳胡杨林是世界上仅存的三大胡杨林之一，其身姿坚挺昂扬，灰褐色的树皮上沟壑纵横，皲裂的条纹不规则地延伸，树根有时候可延伸到地下数十米深的地方汲水。恶劣的环境没能扼杀胡杨家族，反而激发了它们更顽强的生存意志，斑驳苍劲的树干鼎立苍穹，那金黄的树叶在蓝天白云下肆意挥洒昂扬的斗志，正是这决不低头的雄伟姿态，使胡杨被誉为“沙漠英雄树”。

额济纳胡杨林最美的季节是金秋时节，也是拍摄的最佳时间。此时，胡杨的魅力绽放到极致。仿佛被魔术师施了魔法一般，整片胡杨林刹那间由绿转为金黄，一眼望去，湛蓝天空下那金黄的

秋季的额济纳景色最为优美，此时也是拍摄胡杨林最好的季节。

树叶随风舞动，优美动人。欣赏胡杨的最佳地点是二道桥、四道桥和八道桥，碧水映金树，蓝天秋意浓。人行其上，满眼都是璀璨夺目的金色海洋，如诗如画的胡杨很容易让游人迷失其中。

除了风景如画的胡杨林，怪树林也是著名的景观。位于额济纳旗达来呼布镇西南 28 千米处的怪树林，和其他地方的风景不同，这里是一片枯死的胡杨林地，到处弥漫着凄凉悲怆的气息，荒芜寂寥得如同经过殊死恶战之后满目疮痍的古老战场。那一棵棵、一片片枯死的胡杨依旧挺直，姿态怪异，像极了受伤或牺牲的战士。走进这片“古战场”，在蓝天下，那姿态各异的胡杨有的似仰天长啸，有的似猛虎下山，有的似怒发冲冠直指苍穹……遍地的干枯胡杨，仿佛是一片生命的祭奠场，拥有一种震撼心灵的极致之美。

距离怪树林不远的黑城原是西夏国的都城遗址，同时也是丝绸之路上保存较为完整的一座古城。走进古城，最令人瞩目的就是古城西北角的白塔。白塔是覆体式佛塔，承载着西夏人的虔诚和敬仰。如今，在茫茫荒漠上，白塔已失去了昔日的庄严，显得荒凉破败。虽则荒凉破败，却也别具一番风味。

居延海是一处天然湖泊，是由发源于祁连山的黑水河汇集而成，位于额济纳旗达来呼布镇北边 40 千米的地方。曾经一度枯竭的居延海如今又重新焕发出生机，这里湖水清澈、水草茂盛，不时飞起的白鸥给这个略显荒凉的地方增添了些许生机。

时空交叉，密密如织，生命在古老的底色中透出新的绿植，一种像水流般绵绵不息的传承在此起彼伏地上演，风中长吟的是岁月的歌、是历史的歌，更是生命的歌。这些饱含生命张力的自然奇观让人们忍不住不停按下手中的快门，保留这份千年不朽的坚韧。

摄影小贴士

地理位置： 内蒙古自治区阿拉善盟境内

最佳时节： 9 ~ 10 月

最佳美景： 胡杨林、怪树林、黑城遗址、居延海

拍摄建议： 十月是拍摄的最佳时节；为追求天地一色的壮观景象，超广角镜头必不可少；日出和日落是拍摄的最佳背景，也是重要的景观。

黄昏时，借阳光为背景更能凸显怪树的奇异身姿。

运用广角的镜头更能表现日出之时天地的壮美景象。

稻城亚丁 向阳之地

提起稻城亚丁，人们总是心生向往，那里有着地球上近乎绝迹的纯粹景致，吸引着八方来客。稻城亚丁位于四川省甘孜藏族自治州稻城县香格里拉镇亚丁村境内，这里汇聚着无数的优美风光：神圣壮丽的雪山、斑斓多彩的深林、辽阔的草甸，以及那碧蓝如玉的海子，大自然所有能够产生的美景几乎都聚集在这里了。

亚丁在藏语中意为“向阳之地”，但因为此地海拔太高却是雪山连绵。境内有三座高大巍峨的雪山，呈三足鼎立之势，分别为仙乃日、央迈勇和夏诺多吉，是当地藏民心中的神圣之地。在稻城亚丁，随处都是美景，古老的寺庙、牛羊遍布的牧场、碧幽清澈的牛奶海、鲜红的红草滩，风光旖旎。

阳光照射下的雪山巍峨雄壮，层次分明，色彩浓烈。

仙乃日藏语意为“观音菩萨”，所以它也被称为观音山，是稻城非常有名的雪山。弯曲的小河穿过五彩的草滩，绿油油的水草随波飘动，美丽悠然。点缀在草丛中的野花，五颜六色，姹紫嫣红，令人目不暇接。哗哗的水流仿佛一支柔美的曲子，时急时缓，跌宕起伏，撩人心绪。高耸的雪山就坐落在这幽静的山野里，静静地矗立在远处，山顶积雪像一顶洁白的雪帽，衬得仙乃日可爱起来。此外，海子山的景色也不能错过，那里有数不胜数的石头，星罗棋布。那些石头奇形怪状，大小不一，蔚为壮观，仿佛是某个神圣的古老遗址，充满了神秘感！

央迈勇位于三座雪山的南方，称为南峰，也是“三怙主”中排在首位的山峰。央迈勇被誉为是文殊菩萨的智慧的化身，雪峰尖利陡峭，仿佛是菩萨静静竖起的手指，冰清玉洁。雪峰下，草木茂盛，溪流婉转。在一片景色苍茫中，雪山犹如一位恬静的少女端庄秀丽，不食人间烟火。三座雪峰中，央迈勇是最难见到的一个，不是光线阻挡就是云雾缭绕，充满神秘。

夏诺多吉位于东面，能够接受更多的阳光，每当耀眼光线直射山峰，洁白的雪峰一片金黄。这样的景色被当地人誉为佛教中除暴安良的佛陀，刚烈勇猛，那山下斑驳的深林好似他座下的猛虎。雪峰上不时有云雾缭绕，飘柔似流水；山下的洛绒牛场绿草茵茵，牛羊悠闲，十分静美。

摄影小贴士

地理位置： 四川省甘孜藏族自治州稻城县境内

最佳时节： 4～5月、9～10月

最佳美景： 仙乃日、央迈勇、夏诺多吉、牛奶海、冲古寺

拍摄建议： 稻城亚丁最美的季节是秋季，此时五彩斑斓，分外美丽；一般以纯粹的原始风光为景，注重色彩的协调。

洛绒牛场上绿草茵茵，牛羊悠闲，十分静美。

碧蓝清幽的牛奶海。

当你走到牛奶海的近前，那种秀丽姿色，让人难以言说。牛奶海又叫俄绒措，是一个古冰川湖，状如水滴，面积 0.5 公顷，湖水碧蓝清幽，周围雪山相拥，瀑布如绸，丝丝柔滑。央迈勇神山兀立旁侧，山影入波，随风泛起粼粼涟漪，仿佛山也随之浮动一般，这就是牛奶海最为灵动之处。站在湖边，清风吹拂，所有的烦恼似乎都随之消散，整个身心无比放松宁静。阳光铺下金辉，熠熠烁光，暖暖的气氛，让人融在其中。

宁静的亚丁村距香格里拉镇 34 千米左右，亚丁自然保护区就是由它而得名，此地风景秀丽，素有“最后的香格里拉”之美誉。巍峨的雪山与葱郁的森林把世外的喧嚣隔绝，所以很久以来它都鲜为人知。亚丁村位于山间的台地上，周边群峰连绵起伏，山势险峻，雄伟而安详，像一位慈祥的母亲守候着村庄。清晨，金色的阳光将山顶的白雪染成黄灿灿的一片，傍晚又把它抹成浅浅的殷红。村子里只有 28 户人家，他们世代生活在此，已经与自然融为一体，他们领会着自然的语言，找到了真正的和谐。

古老的冲古寺已经破败不堪了，然而那段传说还在，当你抚摸着那些兀立的墙壁时，不知道你是否还能听到那悠远的诵经声。一条奇绝的山路伸向天空，那是藏民信仰的归宿。虔诚的朝拜者还在途中踽踽独行，他们把身体与大地贴近，只为了在这块圣洁的地方，奉上一片赤诚……

秋季是稻城亚丁最美的季节，此时色彩对比鲜明，犹如油画。

米堆冰川 冰封世界

藏在冰雪掩盖下的世界，宁静而纯洁，湖泊、农田、村庄、森林在这里融合成一段美丽的传说，雅鲁藏布江像一位慈爱的母亲把娇羞的女儿米堆河送向了远方，而这位勤劳的姑娘用双手开垦出了这片美丽的天堂——米堆冰川。

米堆冰川位于波密县玉普乡境内，靠近川藏公路，从帕隆藏布南岸汇入帕隆藏布江。这里常年冰雪积累，造就出一派奇幻、瑰丽、壮美的自然风光。其中，巍峨的雪山、奇特的冰瀑布、澄清的冰湖、葱郁的森林、成群的牛马、热情的村民和谐相融，遂成为海内外闻名的旅游风景区，吸引着无数的摄影爱好者前来取景拍摄。

摄影小贴士

地理位置：西藏自治区林芝地区波密县

最佳时节：四季皆宜

最佳美景：冰川、湖泊、峡谷、冰瀑布、森林、村落

拍摄建议：米堆冰川以发育美丽的拱弧构造闻名，冰川规模宏大，采用广角最好；拍摄景物有条不紊，不易凌乱；村庄、森林景观以春夏季节为宜。

融雪期，山上低洼处形成一片幽静的湖泊。

置身于此，不禁令人心旷神怡，有种返璞归真的冲动。仰望苍穹，湛蓝天空中的云朵像牛乳一般纯白，随着柔和的风缓缓浮动，渐渐从远处的雪山飘向人间。山顶的常年积雪在阳光下闪耀着银色的光，山腰上裸露出黑褐色的肌肤，这种明暗交替的色彩与天上的装饰搭配完美，总让你不禁联想起哪一位大师的名画。这种鲜明的色彩对比正是摄影者的最爱，用广阔的镜头拍下，最深的曝光之后，雪山的白和岩石的褐更加明显，愈加突出雪山的巍峨。

四季交换，风光不同，融雪期山上低洼处由于积水形成一片幽静的湖泊，被冰川的臂膀裹在怀中。湖水碧蓝，清澈见底，焕发出幽幽而柔和的光，如蓝色的宝石镶嵌在一片银白之中。细波像鱼鳞密密排列，并借着风慢慢荡开，云在水中的倒影也跟着漂移，这就是雪域的心灵，明净而透亮，不带有一丝一缕的尘埃，给你一次灵魂的洗礼。

如厚重石墙一般的冰瀑布，景象壮丽，气势恢宏。

经过多年冰蚀而出现的冰盆是另一处拍摄佳地，它三面冰雪覆盖，积雪经常崩落，由于冰雪在冰盆中聚集过多而溢出，形成冰瀑布跌落七八百米，景象壮丽，气势宏伟。当你站在宽阔的谷底，抬头便可望见晶莹耀眼、雄伟壮观的冰瀑悬挂于森林与雪峰之间，仿佛寒冷定格了时间。这从天泻下的巨大银壁尽管失去了流动时的怒涛，然而却以站立的姿态来表达势比天高的伟岸，瀑布上端的冰在雪的掩盖下，静静地聆听身底依然汩汩涌动的河水；瀑布转折的角度由水平走向垂直，急切下去形成厚厚的冰体，体表隆起细流凝固成的冰柱，或者悬空垂挂形成壮观的冰凌，如剑刺向大地；底下部分与地面相接，出现一条冰河随着山势流出谷底。

蓝天白云、村落、桃花、青草合理的布局构成一幅静美的画面。

森林旁边静卧着安详的米堆村，宁静得如同陶渊明笔下的桃花源，村民世代久居于此，与世无争。由于地势偏低，雨水温润，使得耕田肥沃，植被茂盛，青草红花，异常鲜艳。每当炊烟袅袅、牛马遍野时，按下手中的快门，给烦躁的都市心保留住这片温馨祥和。

元阳梯田 高山银镜

元阳梯田地处我国边陲云南省元阳县的哀牢山南部，是当地的哈尼族人千百年来勤劳与智慧的杰作。由于当地多低山丘陵，地势起伏不平，哈尼族人为了繁衍生息，依据地势的陡缓分别开垦大小梯田，规模宏大，气势磅礴，形成了上万亩的耕作面积。这些梯田大小不一，有的几十亩，有的仅有几脚步的宽度，从底部向上最多的可达 3000 级。层层叠叠、大小不一的梯田仿佛一块块明镜散落在高低起伏的山丘上，在青翠的草木映衬下，反射着金黄的阳光，犹如一幅随意泼墨的山水画，恣意盎然。

摄影小贴士

地理位置：云南省红河哈尼族彝族自治州元阳县哀牢山南部

最佳时节：12 月至次年 4 月

最佳美景：哈尼民俗村、梯田、日落

拍摄建议：元阳梯田的最佳拍摄时间一般是日出或日落时；镜头采用广角俯瞰拍摄；拍摄时随时注意瞬间出现的美景。

层层叠叠的梯田仿佛一块块明镜散落在高低起伏的山丘上。

走近元阳梯田，山谷的云雾渐渐消散，一片片银白的梯田逐渐露出真容。没有光影，没有渲染，波光粼粼的梯田在阳光的直射下，泛起点点金光，煞是耀眼。那一道道弯弯曲曲的田埂仿佛是张开的风帆，抑或是装点镜面的边框。苍翠的哀牢山环抱着如镜的梯田，蒸腾的云雾好似仙人在山谷间云游，那纵横交错的田埂仿佛把这片土地刻画成了棋盘，供仙人们在此下棋休闲。

置身于元阳梯田，仿佛走进大地的怀抱，举目四望，一种不可名状的思绪涌上心头，那是对元阳梯田的顶礼膜拜，这是一首大地的史诗！在这片充满神奇的土地上，无论是神仙，还是凡人，无不为元阳梯田所蕴藏的魅力所折服，这是一幅天地造化的人与自然和谐的画卷。大地用如椽巨笔勾画出一幅山水巨作，以山丘为景，以蓝天调色，以光影为绸，以梯田为境，烟云涌动间光暗转换，角度交错，仿佛演绎一场盛大的舞会，有条不紊，各司其职。

日出之时的梯田犹如一幅水墨画，光暗对比强烈。

“在远古的时候，是谁第一个开出了梯田，是那哈尼的祖先哈海和伍兴两弟兄；在远古的时候，是谁第一个挖出了大沟，是那哈尼的祖先阿嘎和梅因；在远古的时候，是谁第一个栽出了秧苗，是那高能的阿孃和虾奔……”这是一首在哈尼寨子里流传的歌谣，歌颂着哈尼族人开造梯田的历史以及追求美好生活的期望。这一层层逐级而上的梯田是哈尼族人一代又一代传承不息、绵延不绝的爱，是用智慧开创的鬼斧神工的奇迹。

日落之时的梯田，昏黄的阳光映照着大地，偶有霞光穿过云隙。

有人说最伟大的诗人也无法用语言来描述元阳那无与伦比的壮美，最优秀的画家也不能绘就元阳万分之一的美，再伟大的摄影师也因无法选取最好的角度来呈现元阳的美。这是一片神奇而又伟大的土地，这里孕育了智慧、坚韧、勤劳、和谐的美。